围棋吃子

二选一 从入门到精通
（级位篇）

赵守洵 著

超简单！一学就会
·随书附赠·
70分钟教学视频

人民邮电出版社
北京

图书在版编目（ＣＩＰ）数据

围棋吃子二选一从入门到精通. 级位篇 / 赵守洵著
. -- 北京 : 人民邮电出版社，2020.6
ISBN 978-7-115-53659-4

Ⅰ. ①围… Ⅱ. ①赵… Ⅲ. ①围棋－对局(棋类运动
) Ⅳ. ①G891.3

中国版本图书馆CIP数据核字(2020)第048158号

免责声明

作者和出版商都已尽可能确保本书技术上的准确性以及合理性，并特别声明，不会承担由于使用本出版物中的材料而遭受的任何损伤所直接或间接产生的与个人或团体相关的一切责任、损失或风险。

内 容 提 要

本书是由少儿围棋教育专家、职业五段棋手赵守洵专为围棋初学者创作。本书按照吃子的思维逻辑，分别介绍了如何找到目标、如何找准"气"和如何找到吃子方向，并详细解析了实用的吃子技巧，内容涵盖从围棋入门到业余1级所需要掌握的主要吃子知识。本书的题目难度循序渐进，讲解层层推进，以抽丝剥茧的方式为读者梳理出清晰的解题思路，能够引发思考，开拓思路，帮助读者获得举一反三的学习效果，有效提升棋艺。

◆ 著　　　　赵守洵
　责任编辑　裴　倩
　责任印制　周昇亮

◆ 人民邮电出版社出版发行　北京市丰台区成寿寺路 11 号
　邮编　100164　电子邮件　315@ptpress.com.cn
　网址　https://www.ptpress.com.cn
　大厂聚鑫印刷有限责任公司印刷

◆ 开本：880×1230　1/32
　印张：6.75　　　　　　　　2020 年 6 月第 1 版
　字数：175 千字　　　　　　2020 年 6 月河北第 1 次印刷

定价：35.00 元

读者服务热线：(010)81055296　印装质量热线：(010)81055316
反盗版热线：(010)81055315
广告经营许可证：京东工商广登字 20170147 号

目录

教学视频访问说明

本书提供部分习题的教学视频，您可以通过微信中"扫一扫"的功能，扫描本页的二维码进行观看。

步骤1 点击微信聊天界面右上角的"+"，弹出功能菜单（如图1所示）。

步骤2 点击弹出的功能菜单中的"扫一扫"进入功能界面，扫描本页的二维码。

步骤3 如果您未关注"人邮体育"公众号，在第一次扫描后会出现"人邮体育"的二维码（如图2所示）。关注"人邮体育"公众号之后，点击"资源详情"（如图3所示）即可观看教学视频。

如果您已经关注了"人邮体育"微信公众号，扫描后可以直接观看教学视频。

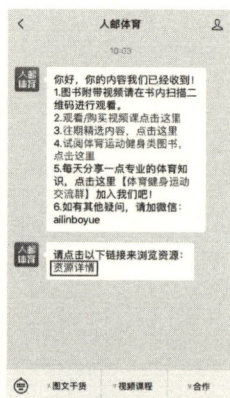

图1   图2   图3

第 1 章
战略

找到目标

本章的目的是引导初学者仔细观察，在展开进攻之前，先要找到攻击的目标，即本章主要讲解围棋中的战略问题。

题目难度分为 1 星、2 星和 3 星，难度依次递增。

请做出正确的选择。加油吧！

> **小贴士** 本章的重点不在于如何吃掉对方，而是要思考吃哪边更重要。注意观察该进攻哪里的棋子。另外，还要找到关键棋子，因为关键棋子往往会对我方构成威胁。子多的一边不一定是正解哦！

Q1 第1题

难度 : ★

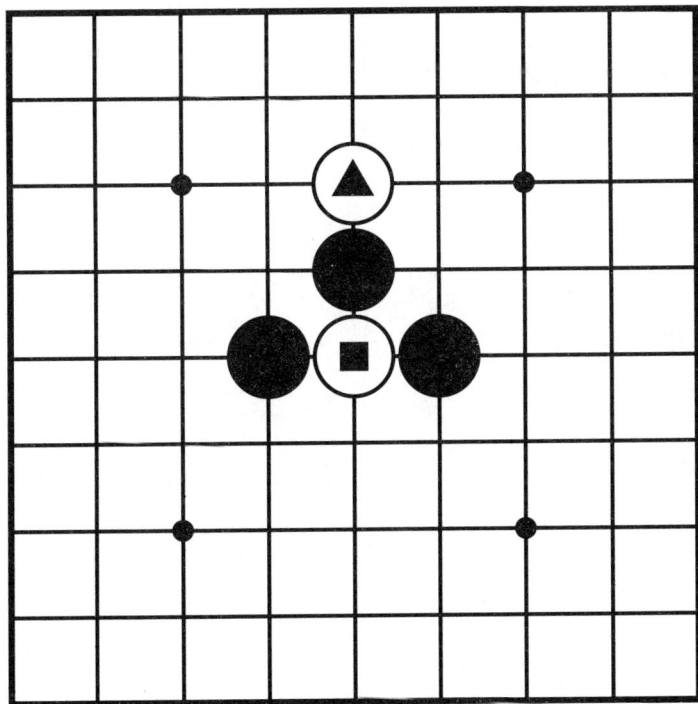

请找到进攻的目标，并在正确选项后面的括号中画「√」。

▲（　　） ■（　　）

正解

〇

黑 1 正确，可吃
掉白方一子。

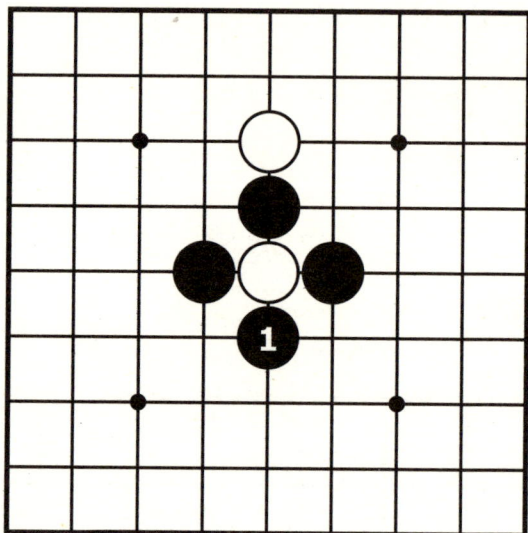

错解

✕

黑 1 选择错误，
并不能对白方构
成威胁。

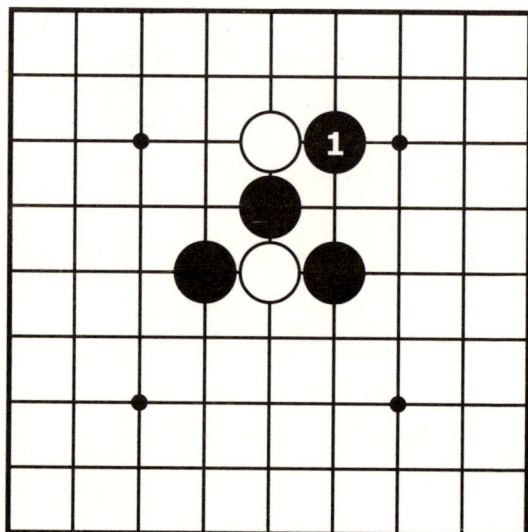

② 第 2 题

难度：★★

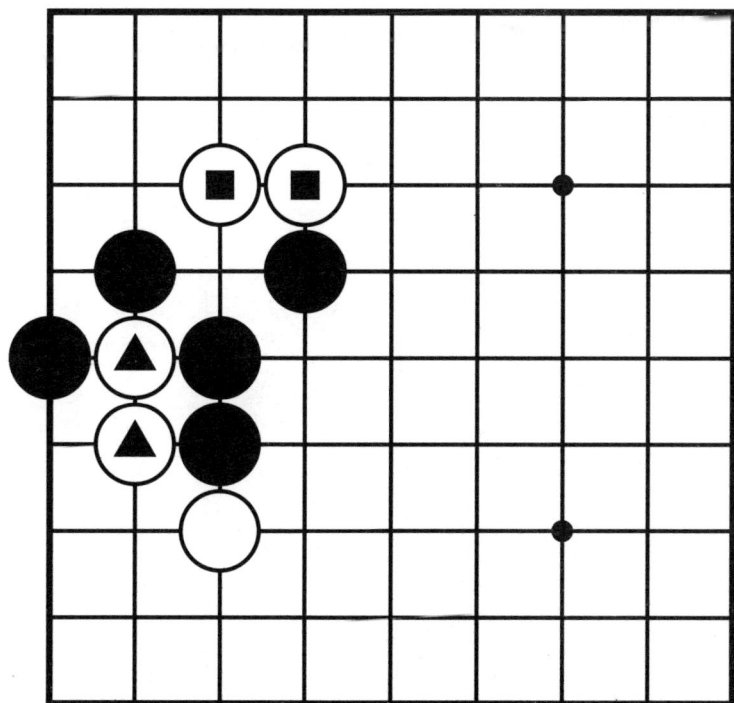

请找到进攻的目标，并在正确选项后面的括号中画「√」。

▲（　　）　　■（　　）

正 解

◯

黑 1 正确，可吃
掉白方两子。

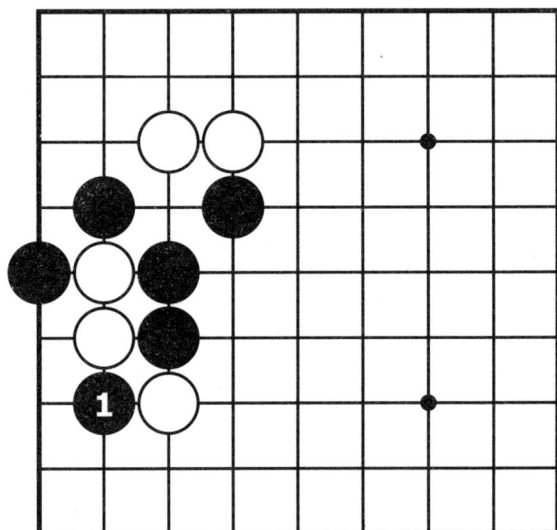

错 解

✕

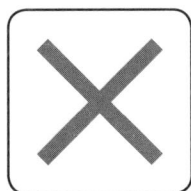

黑 1 选择错误，
并不能对白方构
成威胁。

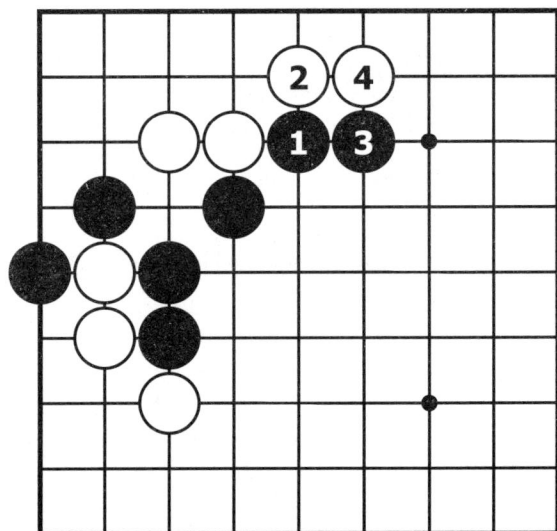

3 第 3 题

难度：★

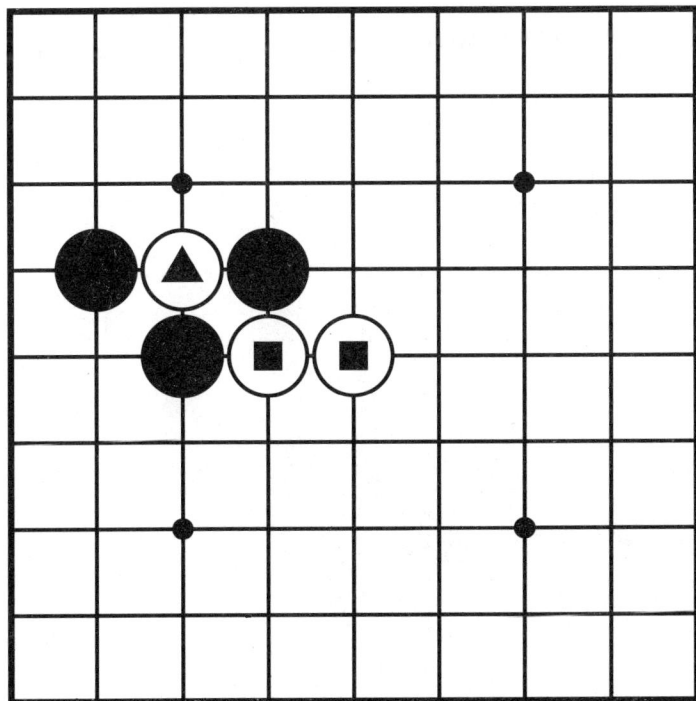

请找到进攻的目标，并在正确选项后面的括号中画「✓」。

▲（ 　 ） ■（ 　 ）

正解

〇

黑1正确,可吃
掉白方一子。

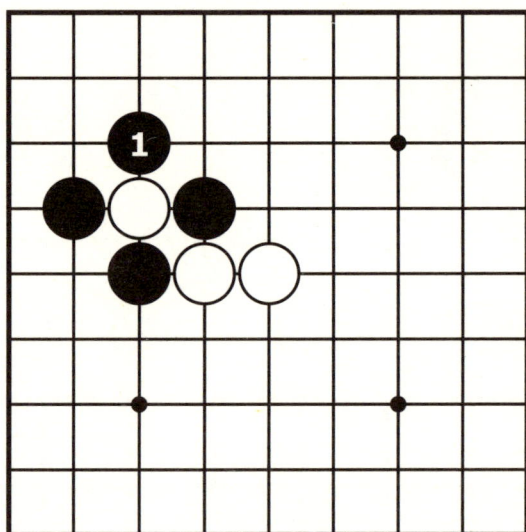

错解

✕

黑1选择错误,
并不能对白方构
成威胁。

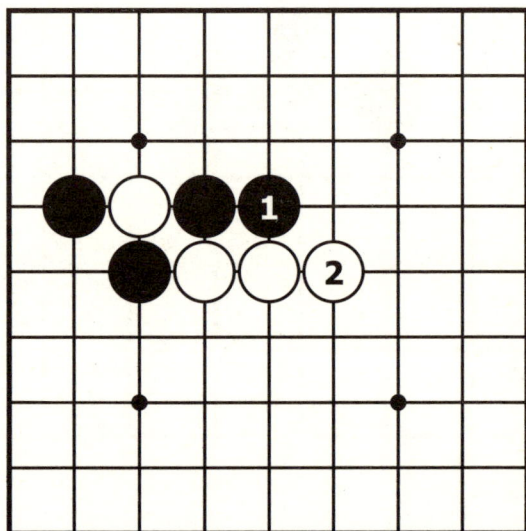

Q4 第 4 题

难度：★ ★

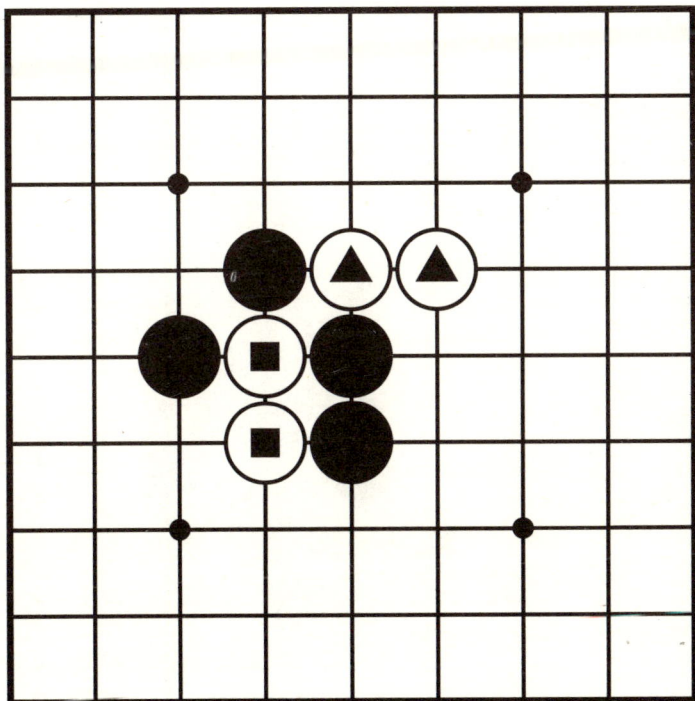

请找到进攻的目标，并在正确选项后面的括号中画「√」。

▲（　　　） ■（　　　）

正解

○

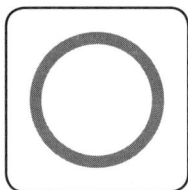

黑 1 正确，可吃
掉白方两子。

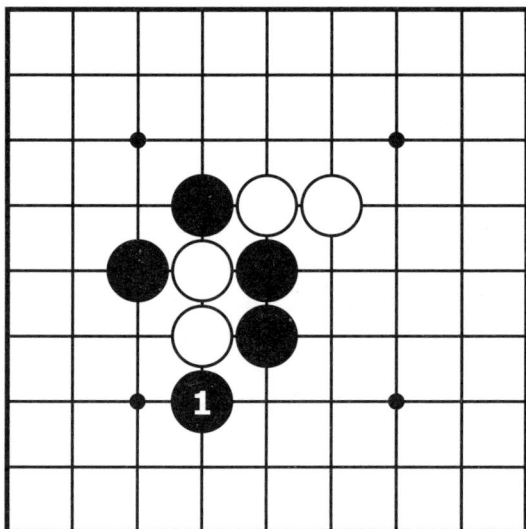

错解

×

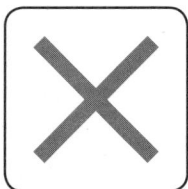

黑 1 选择错误，
并不能对白方构
成威胁。

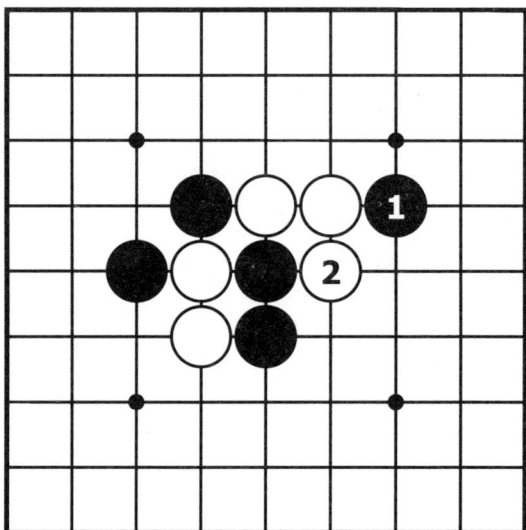

5 第 5 题

难度：★

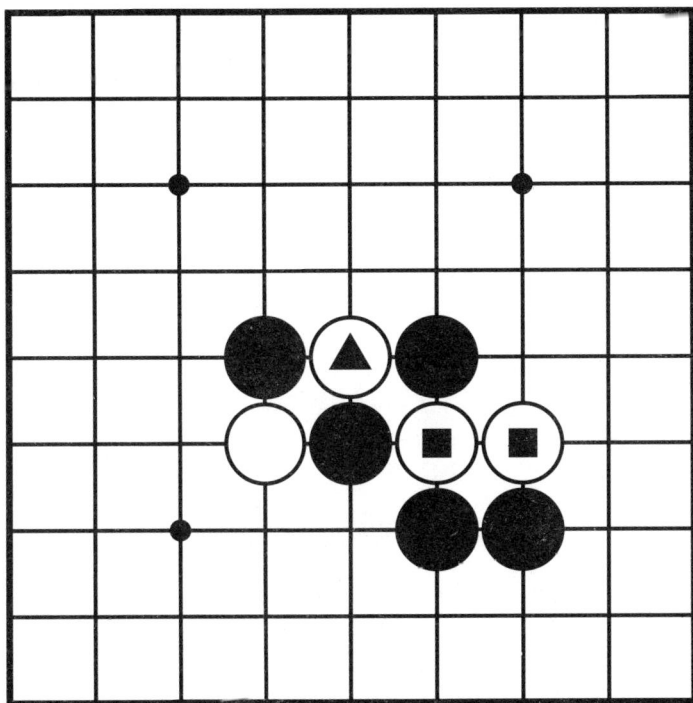

请找到进攻的目标，并在正确选项后面的括号中画「∨」。

▲（ ） ■（ ）

正解

○

黑 1 正确,可吃
掉白方关键的一
颗棋子。

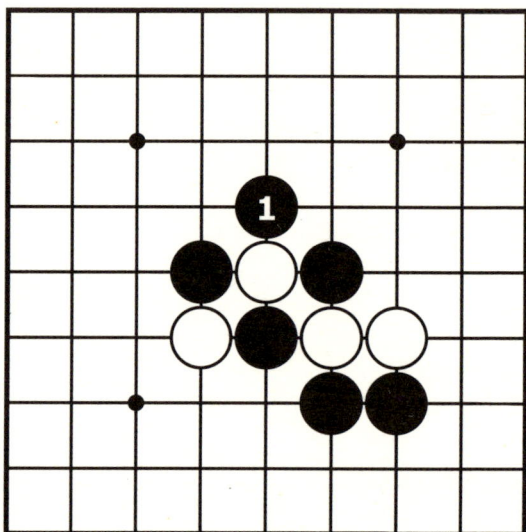

错解

✕

黑 1 选择错误,
白 2 可以反吃黑
棋一子,黑失败。

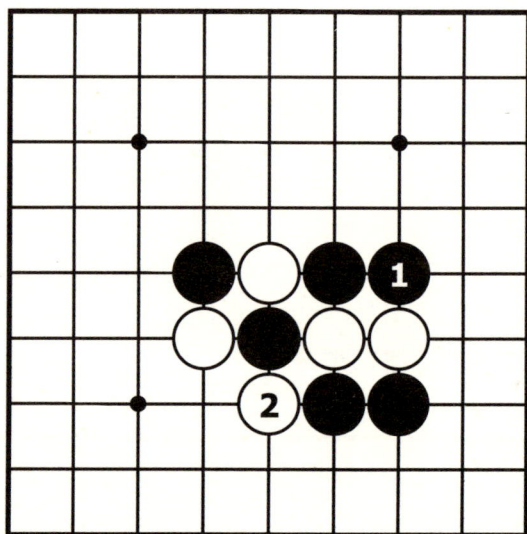

第 6 题

难度：★★

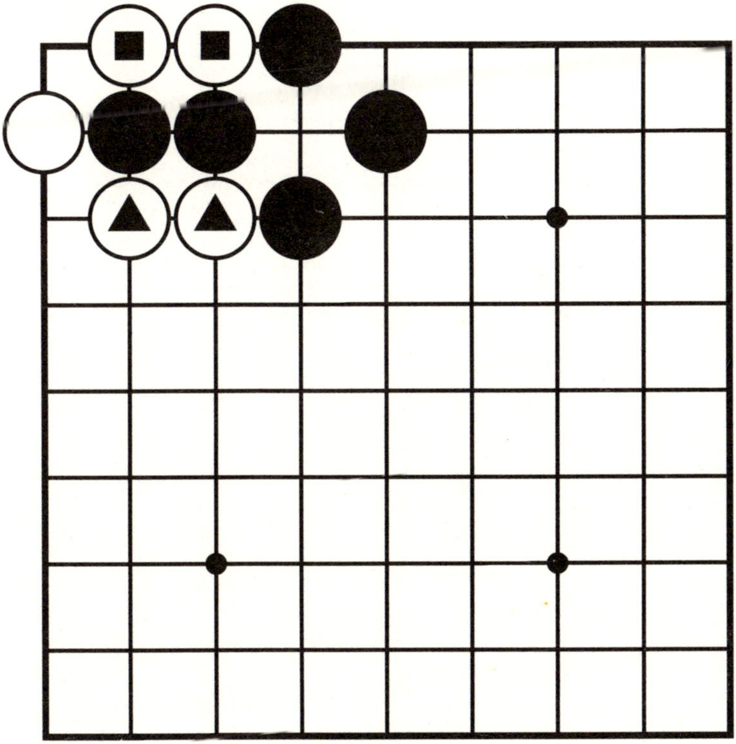

请找到进攻的目标，并在正确选项后面的括号中画「∨」。

▲（　　）　　■（　　）

正 解

◯

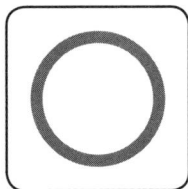

黑 1 正确，可吃
掉白方关键的两
颗棋子。

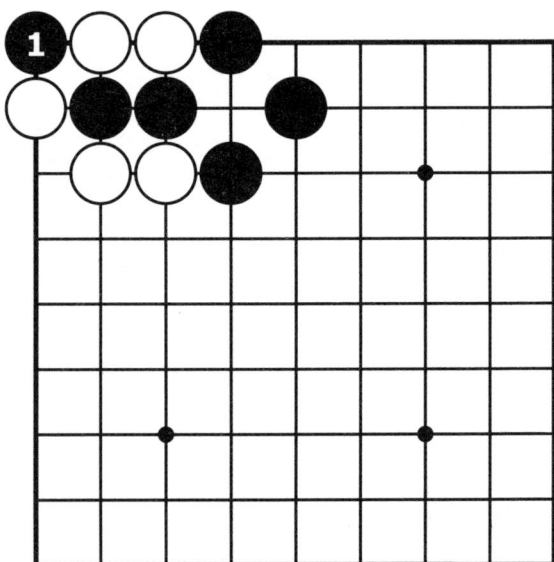

错 解

✕

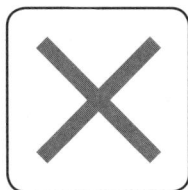

黑 1 选择错误，
白 2 可以反吃黑
棋两子，黑失败。

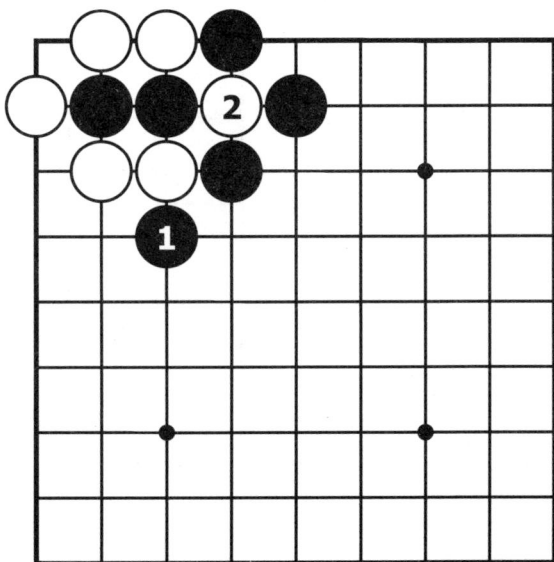

第 7 题

难度：★

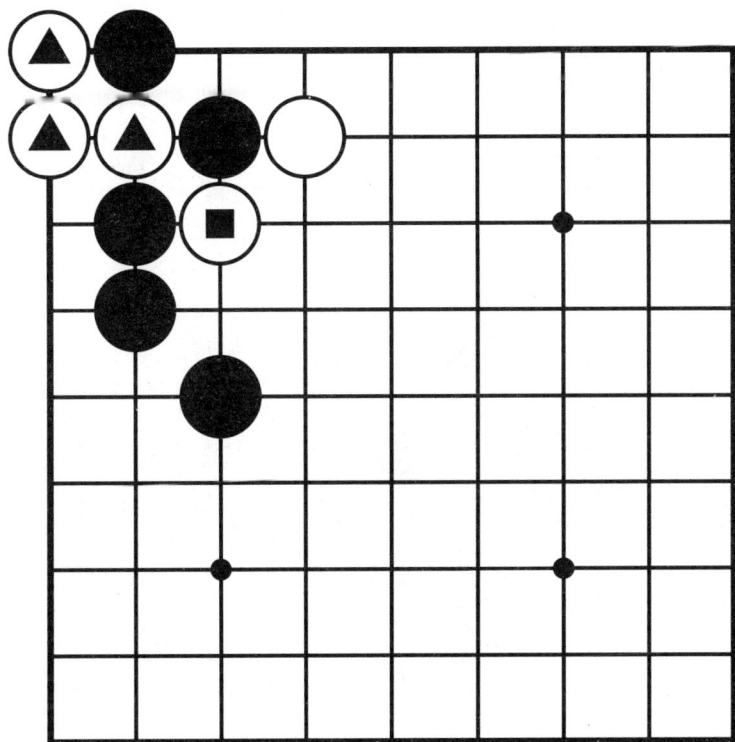

请找到进攻的目标，并在正确选项后面的括号中画「∨」。

▲（　　）　■（　　）

正 解

〇

黑 1 正确，吃掉白
方 3 颗关键棋子。

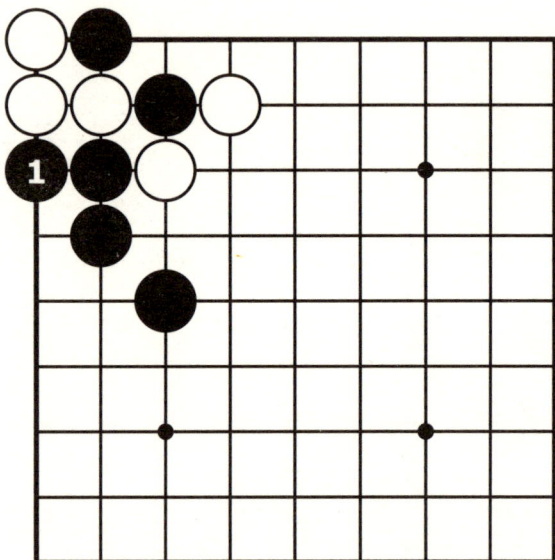

错 解

✕

黑 1 选择错误，
白 2 可反吃黑棋
两子，黑失败。

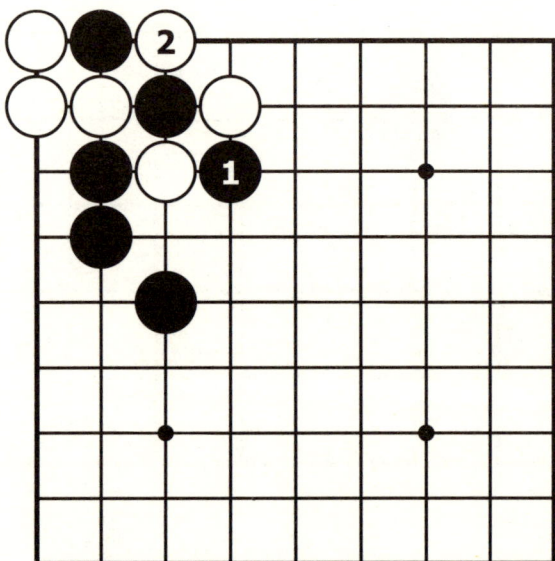

第 8 题

难度：★

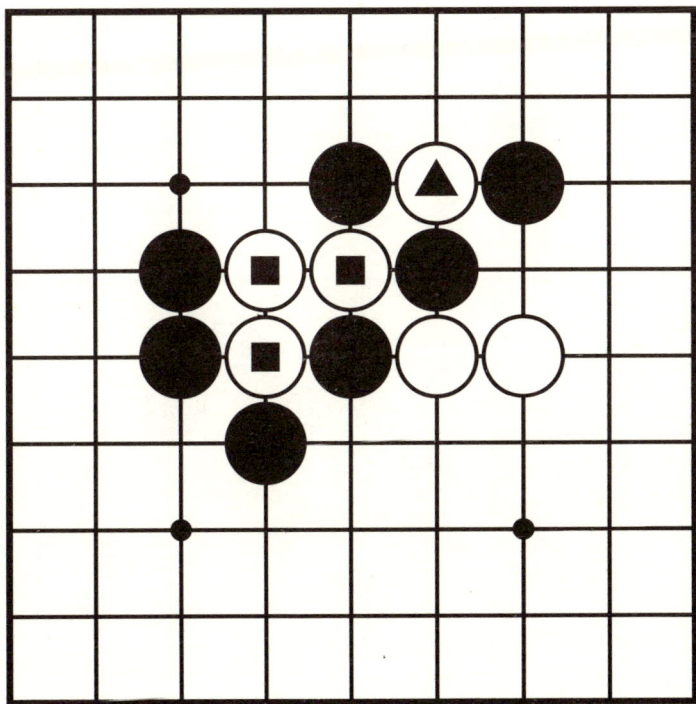

请找到进攻的目标，并在正确选项后面的括号中画「√」。

▲ （　　） ■ （　　）

正 解

〇

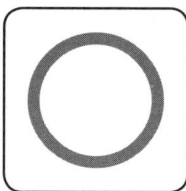

黑1正确，吃掉白
方3颗关键棋子。

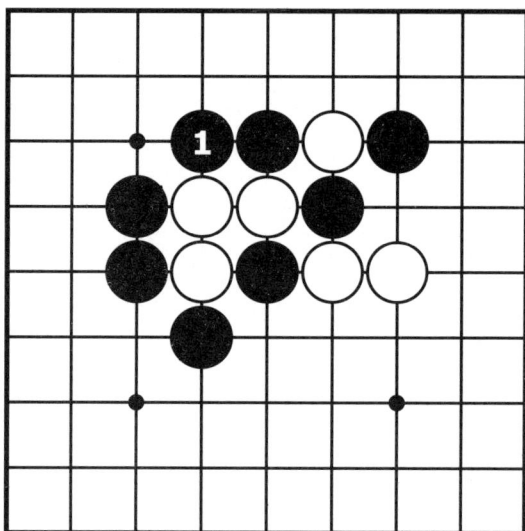

错 解

✕

黑1选择错误，
白2可反吃黑棋
一子，黑失败。

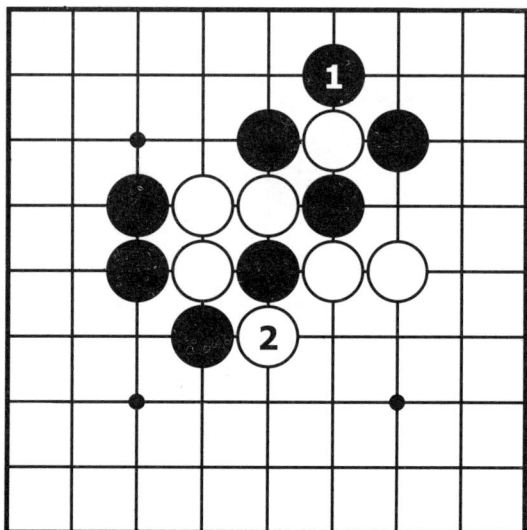

9 第 9 题

难度：★

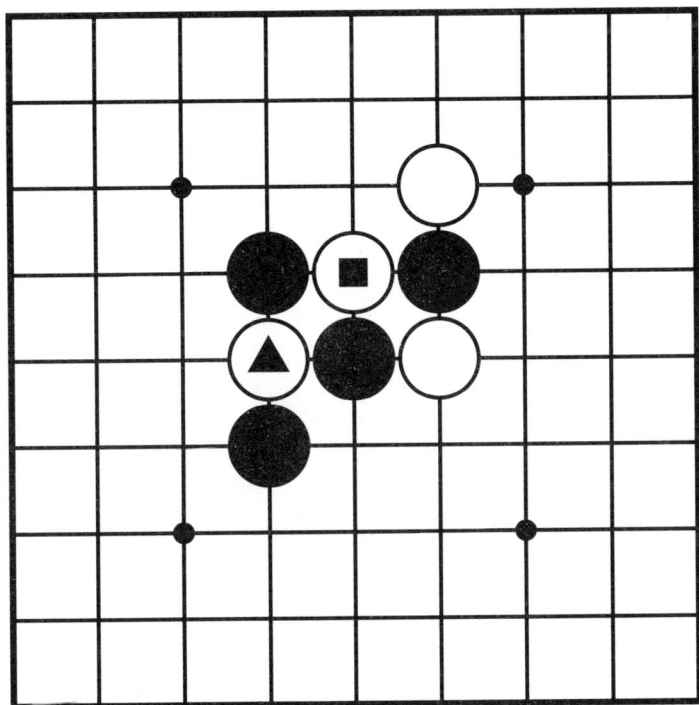

请找到进攻的目标，并在正确选项后面的括号中画「√」。

▲（　　　） ■（　　　）

正解

○

黑1正确，可吃
掉白方关键的一
颗棋子。

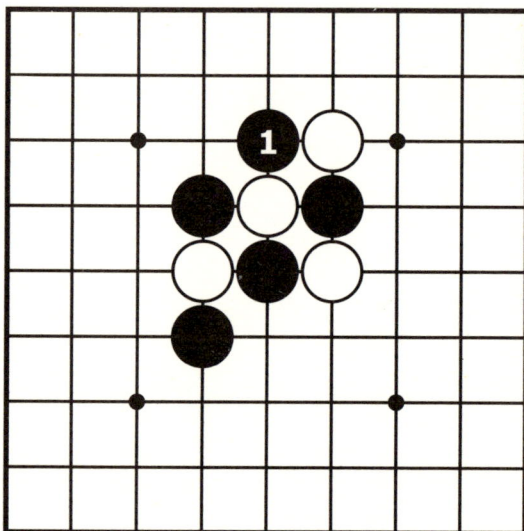

错解

✕

黑1选择错误。
虽然能吃掉白棋
一子，但白2也
可以吃掉黑棋一
子。黑失败。

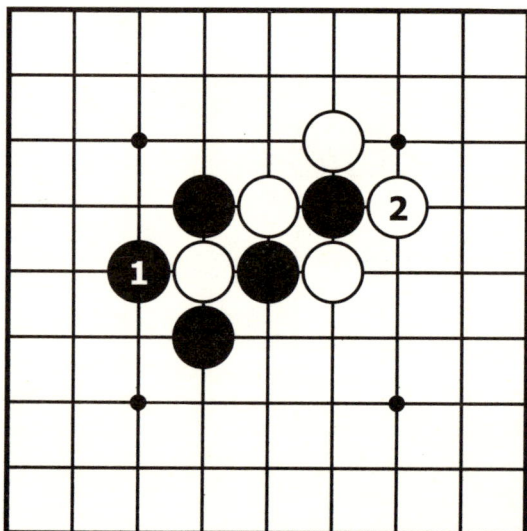

10 Q

第 10 题

难度：★

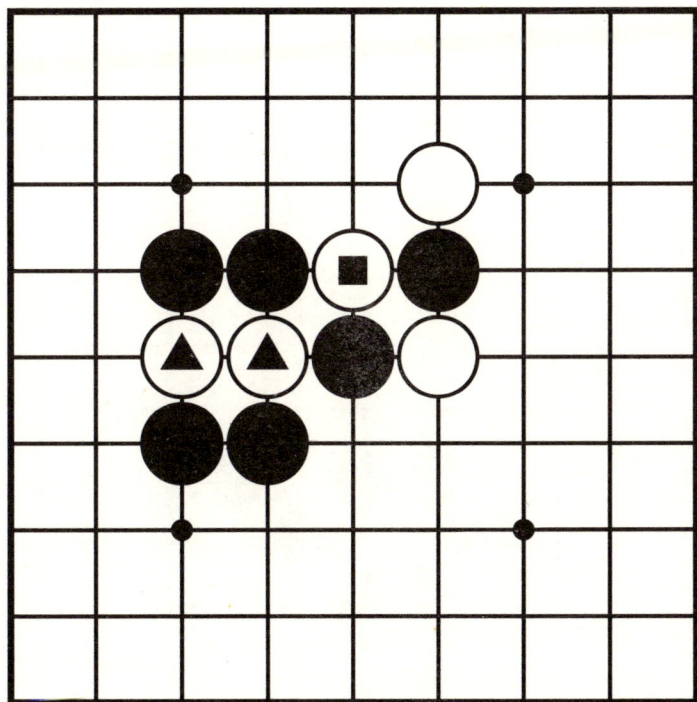

请找到进攻的目标，并在正确选项后面的括号中画「√」。

▲（　　） ■（　　）

正解

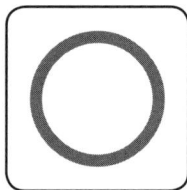

黑 1 正确，可吃掉白方关键的一颗棋子。

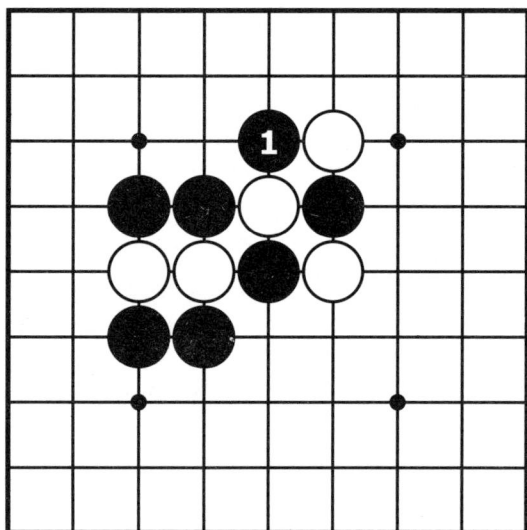

错解

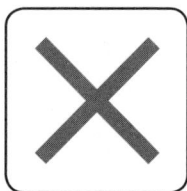

黑 1 选择错误。虽然能吃掉白方两子，但白 2 也可以吃掉黑棋一子。黑失败。

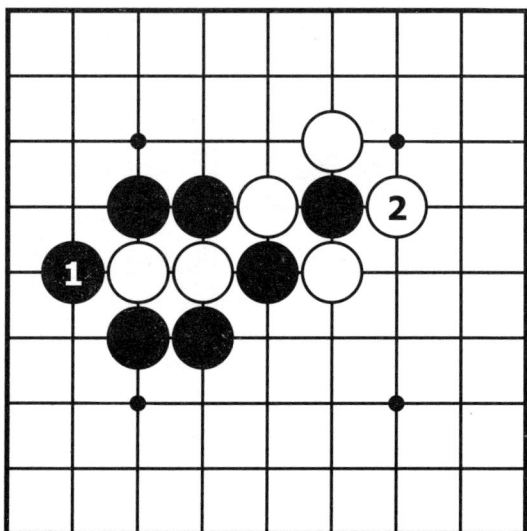

Q11 第 11 题

难度：★ ★

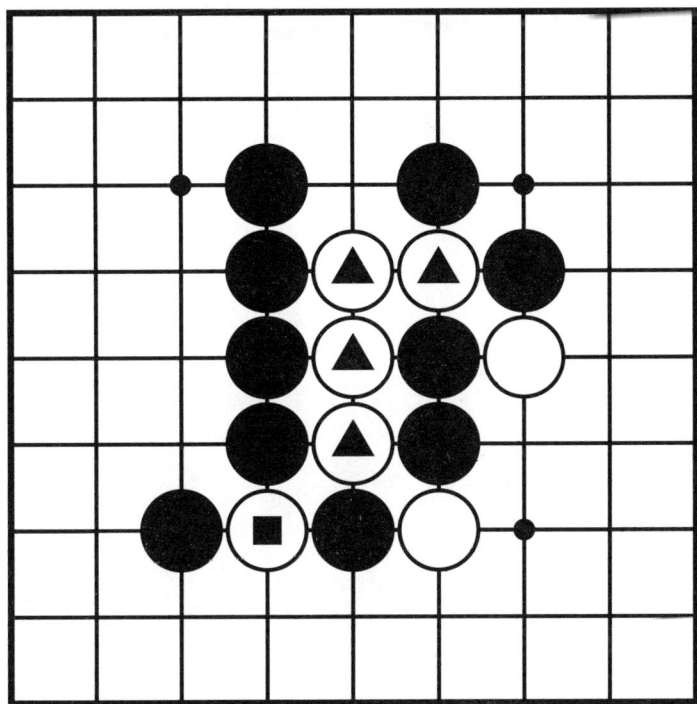

请找到进攻的目标，并在正确选项后面的括号中画「√」。

▲（ ） ■（ ）

正 解

〇

黑 1 正确。可吃
掉白方关键的 4
颗棋子。

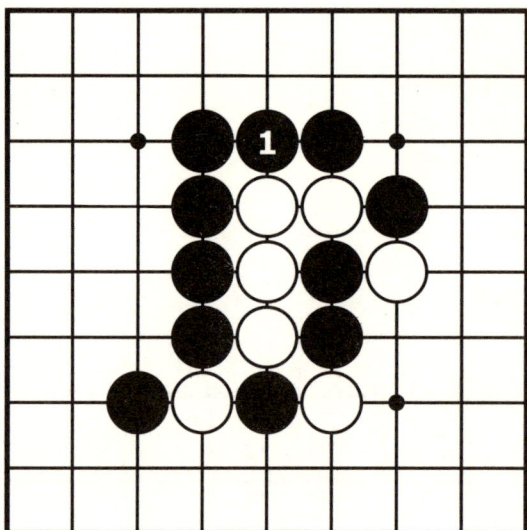

错 解

✕

黑 1 选择错误。
虽然可以吃掉白
方一子，白 2 也
可以吃掉黑棋两
子。黑失败。

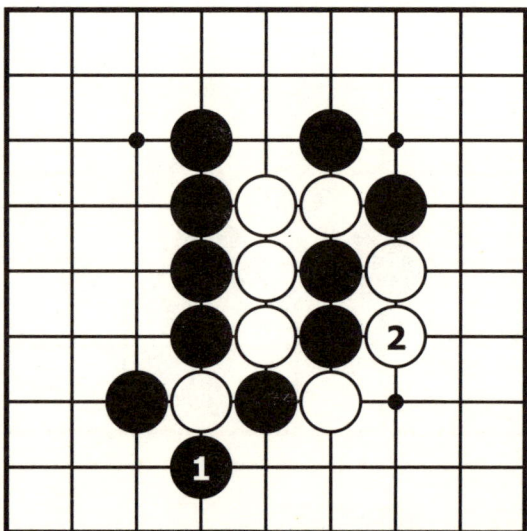

12

第 12 题

难度：★

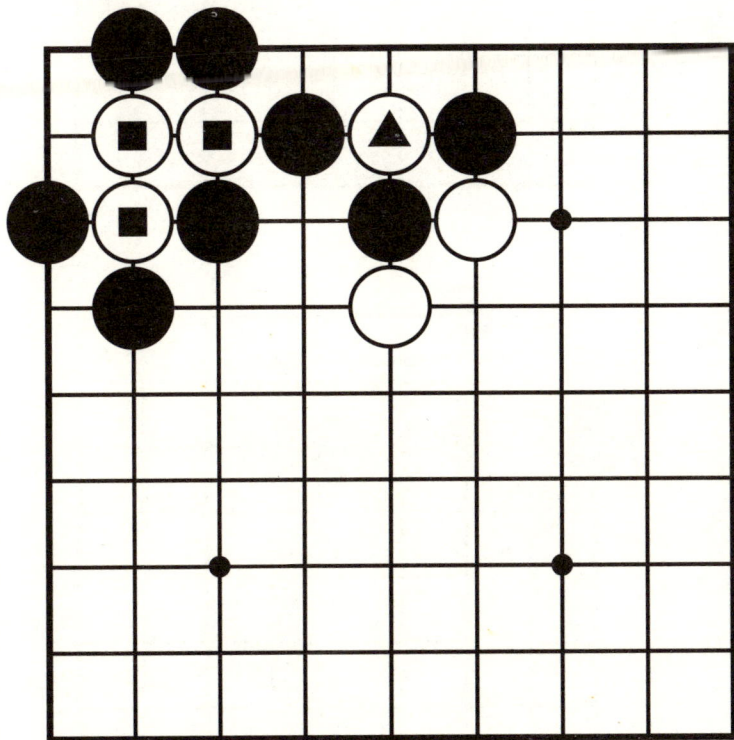

请找到进攻的目标，并在正确选项后面的括号中画「√」。

▲（　　） ■（　　）

正 解

◯

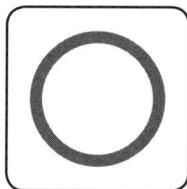

黑 1 正确，可吃
掉白方关键的一
颗棋子。

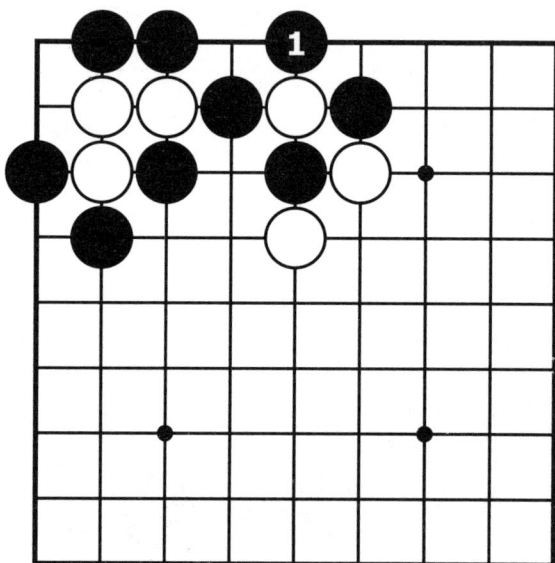

错 解

✕

黑 1 选择错误。
虽然可以吃掉白
棋 3 颗棋子，但
白 2 也可以吃掉
黑 棋 一 子。黑
失败。

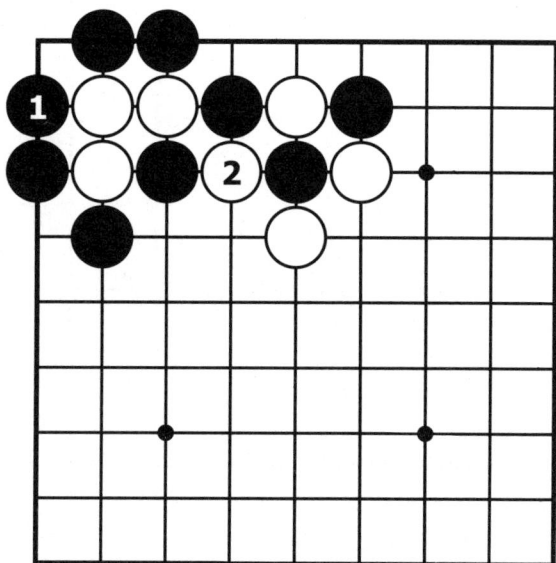

13 Q

第 13 题

难度：★

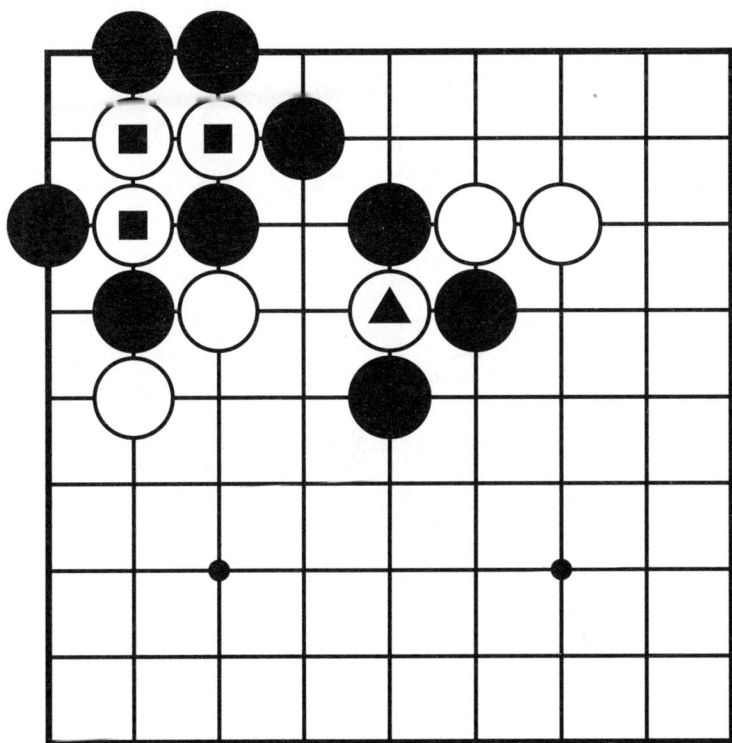

请找到进攻的目标，并在正确选项后面的括号中画「∨」。

▲（　　）　　■（　　）

正解

◯

黑 1 正确，可吃
掉白方关键的 3
颗棋子。

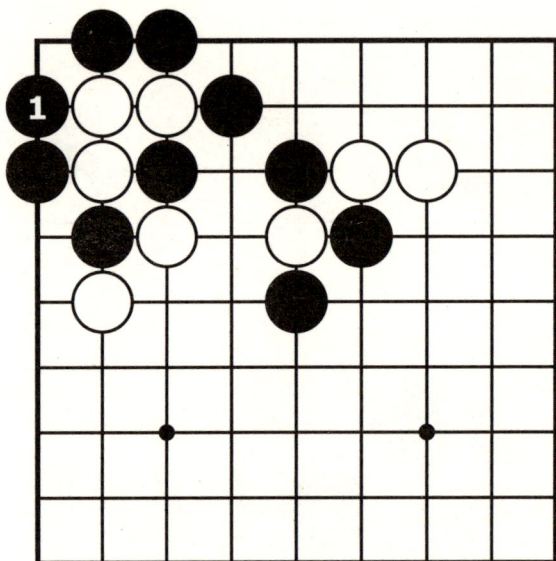

错解

✕

黑 1 选择错误，
白 2 可以反吃黑
棋一子，黑失败。

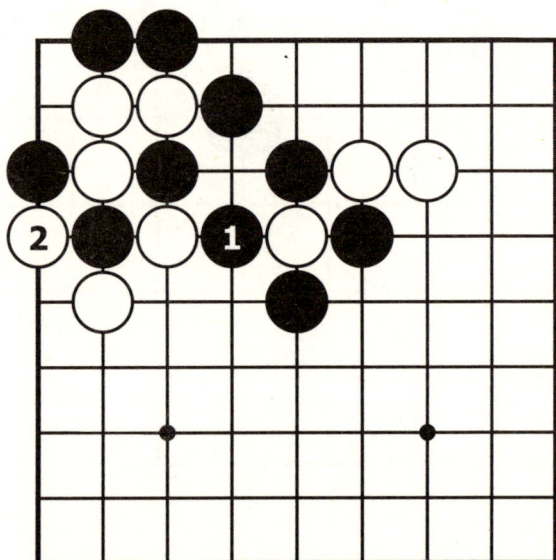

14

第 14 题

难度：★ ★

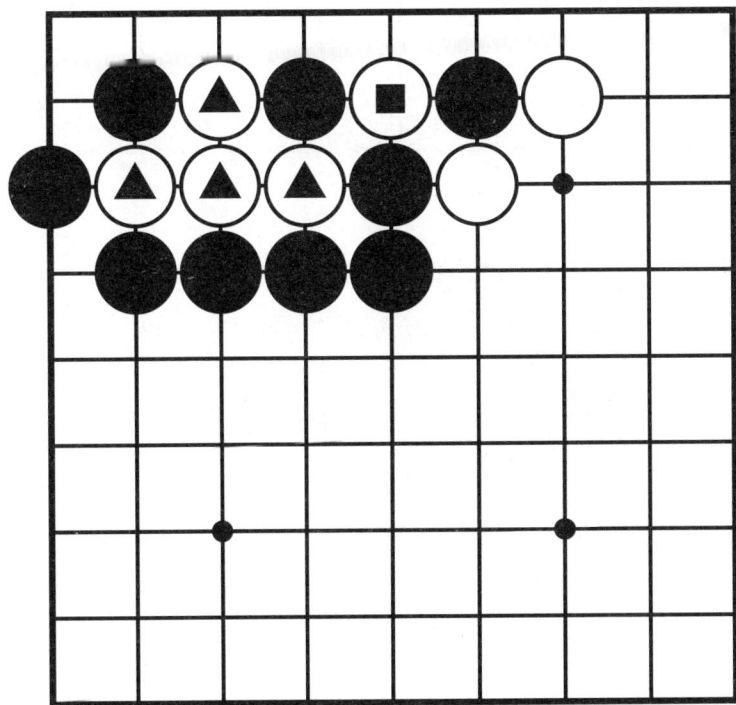

请找到进攻的目标，并在正确选项后面的括号中画「√」。

▲（　　）　■（　　　）

正 解

◯

黑 1 正确，可吃
掉白方关键的一
颗棋子。

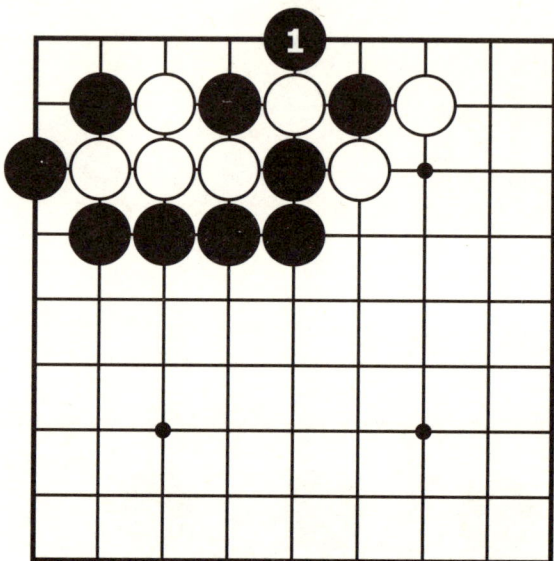

错 解

✕

黑 1 选择错误，
白 2 可以反吃黑
棋一子，黑失败。

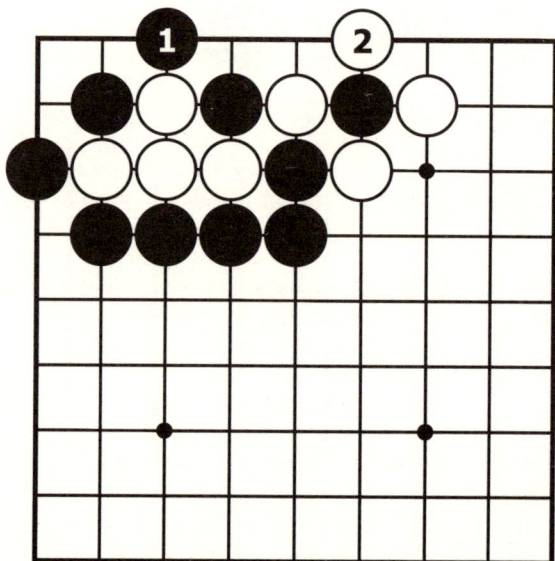

第 15 题

难度：★★

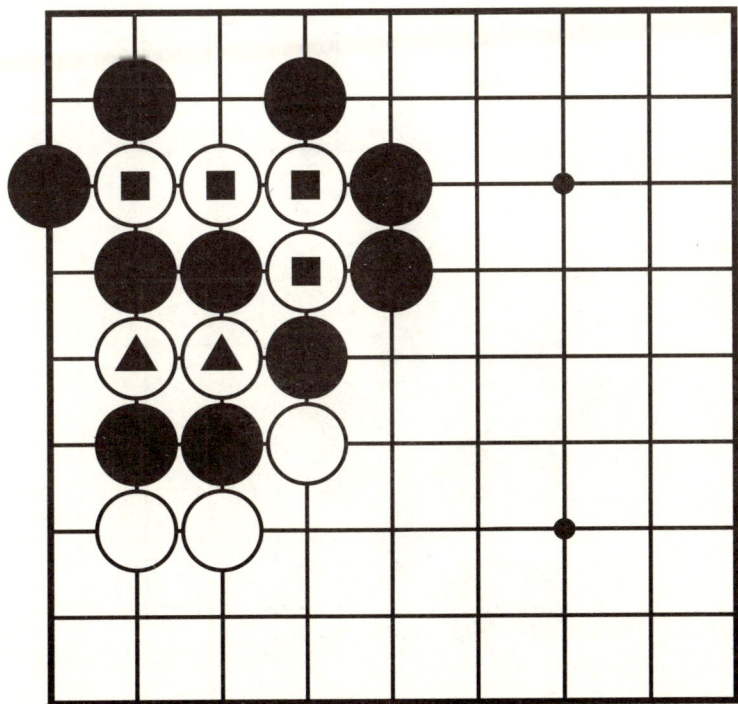

请找到进攻的目标，并在正确选项后面的括号中画「√」。

▲（　　）　■（　　）

正解

黑 1 正确，可吃
掉白方关键的两
颗棋子。

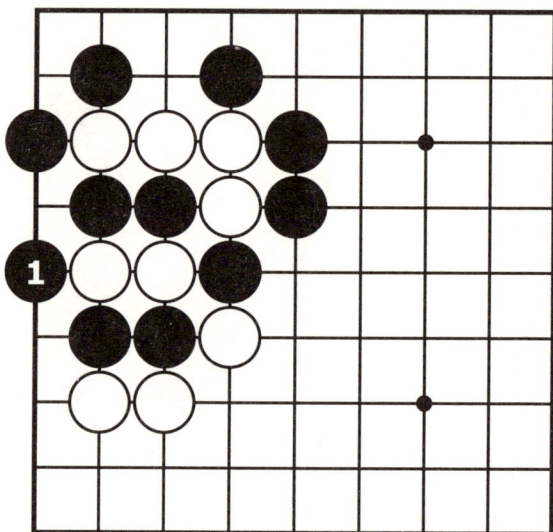

错解

黑 1 选择错误，
白 2 可以反吃黑
棋两子，黑失败。

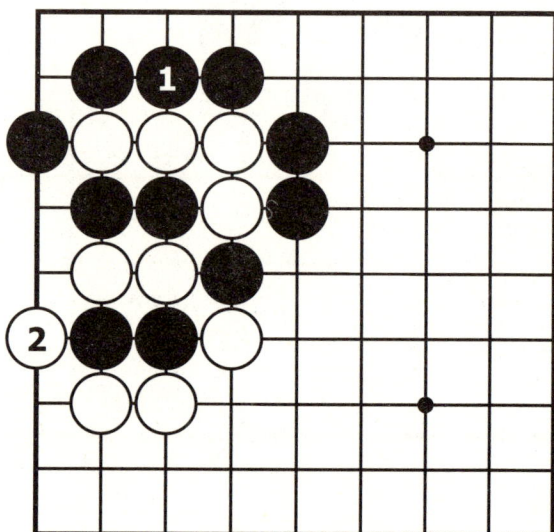

16

第 16 题

难度：★

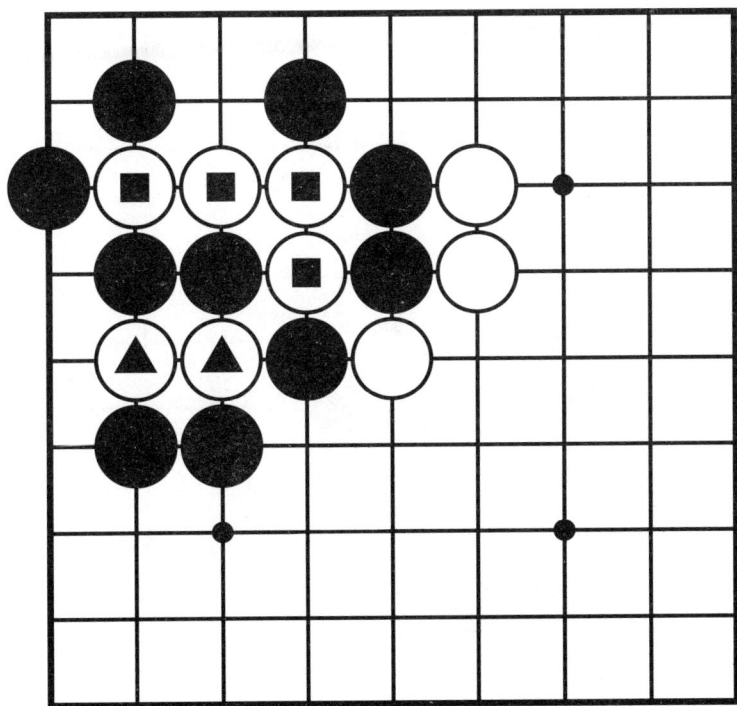

请找到进攻的目标，并在正确选项后面的括号中画「✓」。

▲（　　） ■（　　　）

正 解

黑1正确，可吃
掉白方关键的4
颗棋子。

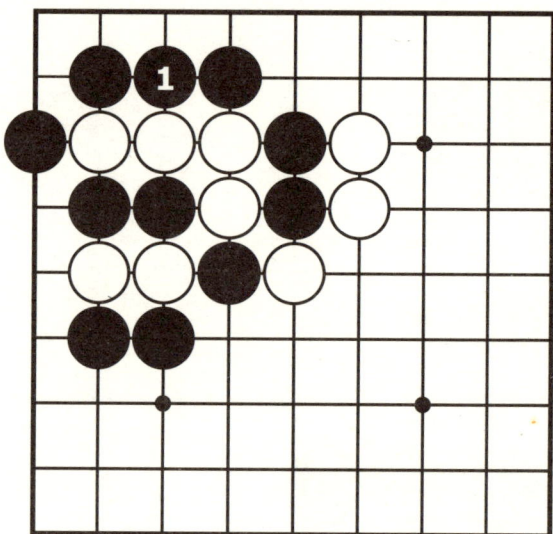

错 解

黑1选择错误，
白2可以反吃黑
棋两子，黑失败。

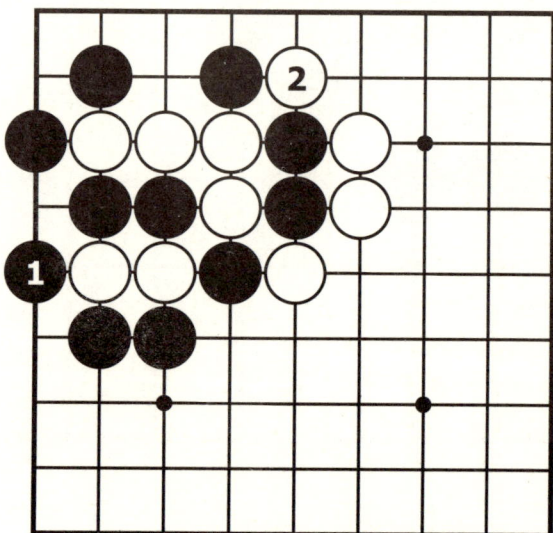

17 第 17 题

难度：★

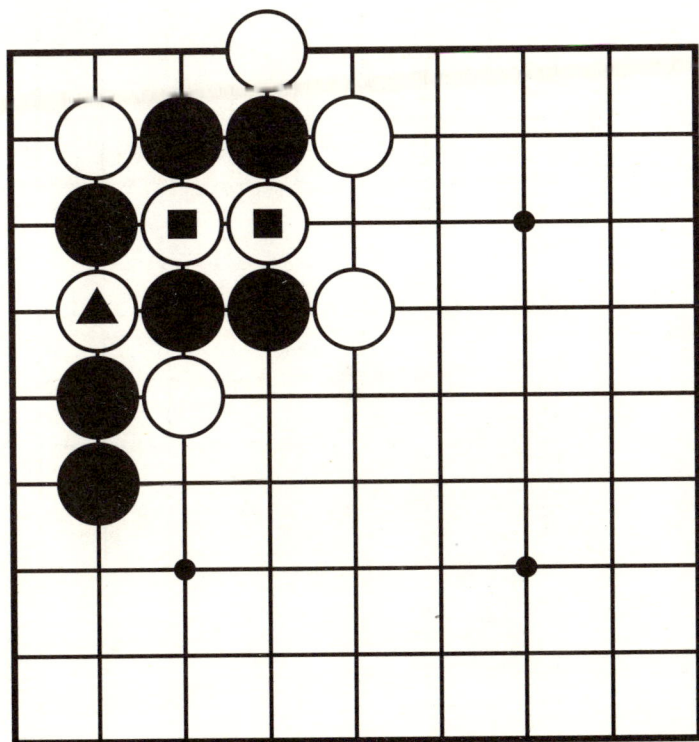

请找到进攻的目标，并在正确选项后面的括号中画「√」。

▲（　　） ■（　　）

正 解

◯

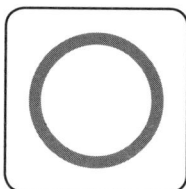

黑 1 正确，可吃
掉白方关键的两
颗棋子。

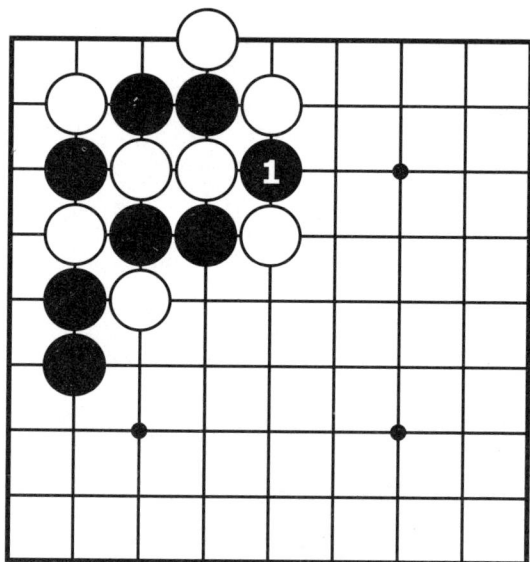

错 解

✕

黑 1 选择错误，
白 2 可以反吃黑
棋两子，黑失败。

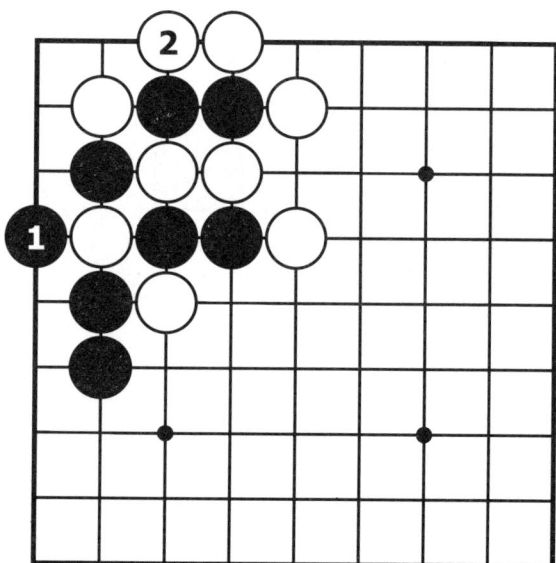

40

18 第 18 题

难度 ： ★

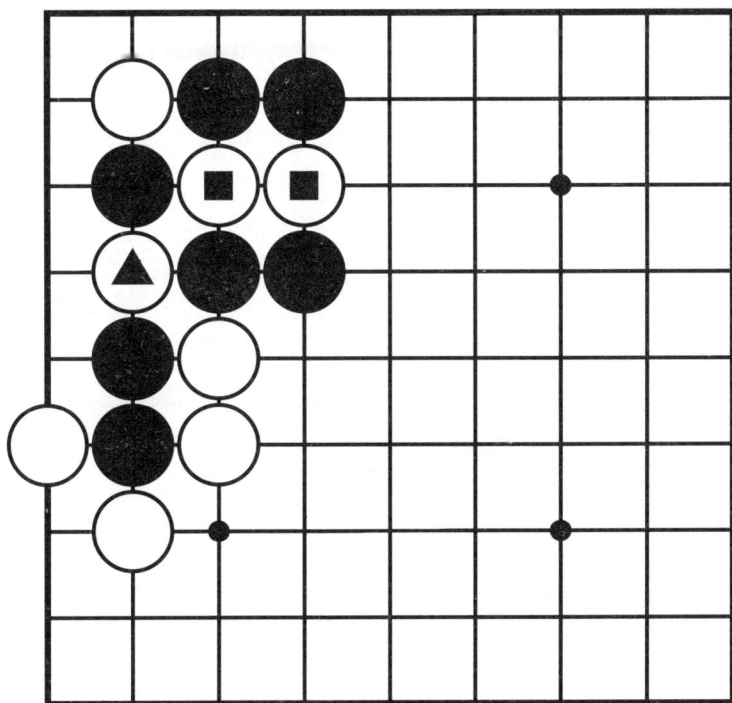

请找到进攻的目标，并在正确选项后面的括号中画「√」。

▲（　　） ■（　　）

正解

○

黑 1 正确，可吃
掉白方关键的一
颗棋子。

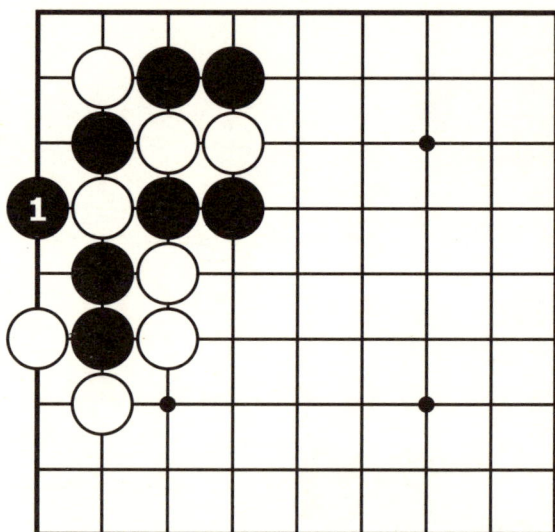

错解

✕

黑 1 选择错误，
白 2 可以反吃黑
棋两子，黑失败。

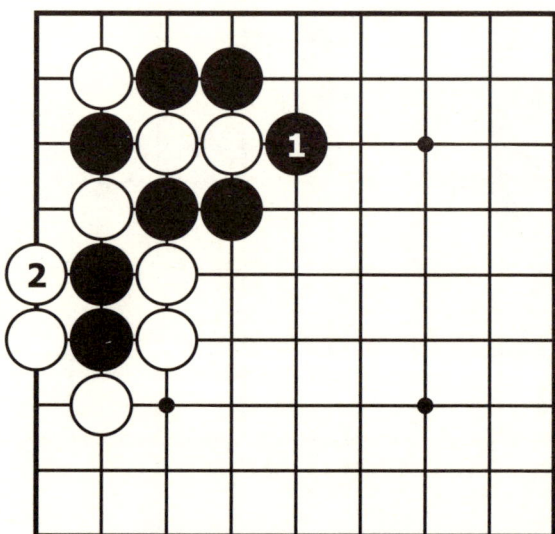

19 第 19 题

难度：★

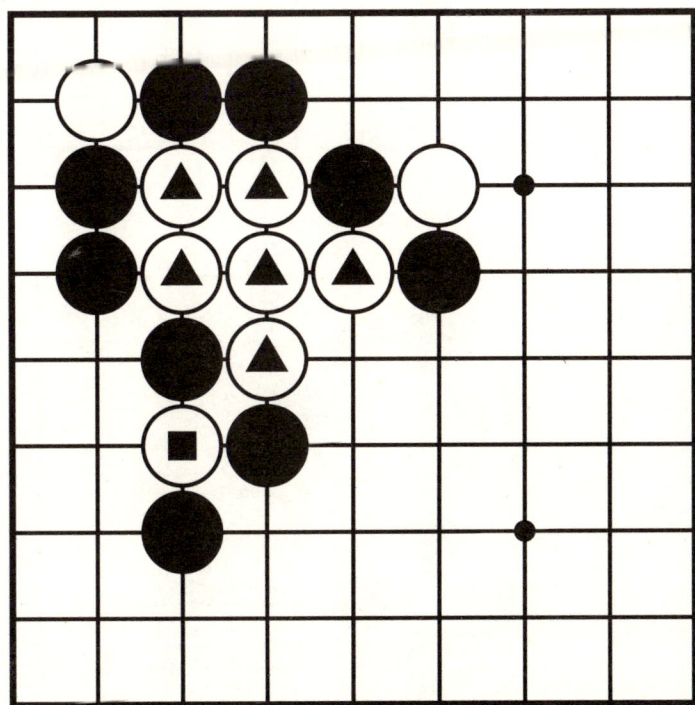

请找到进攻的目标，并在正确选项后面的括号中画「√」。

▲（　　）　　■（　　）

正解

〇

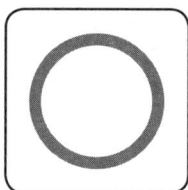

黑 1 正确，可吃
掉白方关键的 6
颗棋子。

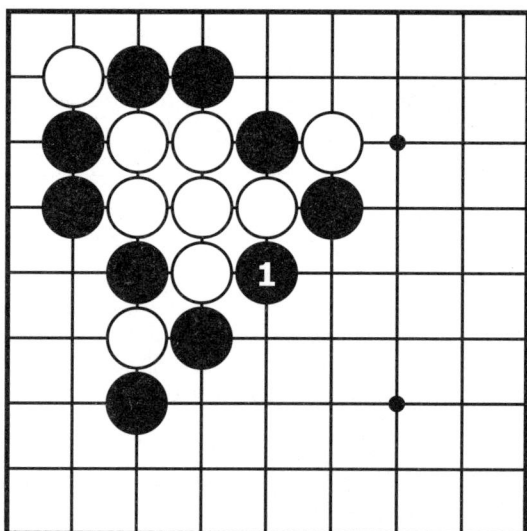

错解

✕

黑 1 选择错误，
白 2 可以反吃黑
棋一子，黑失败。

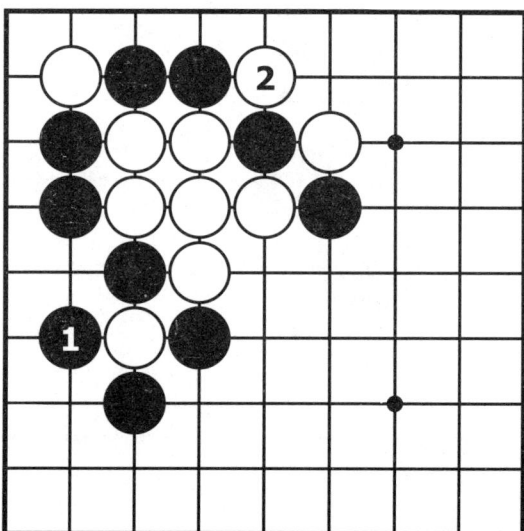

20

第 20 题

难度：★★

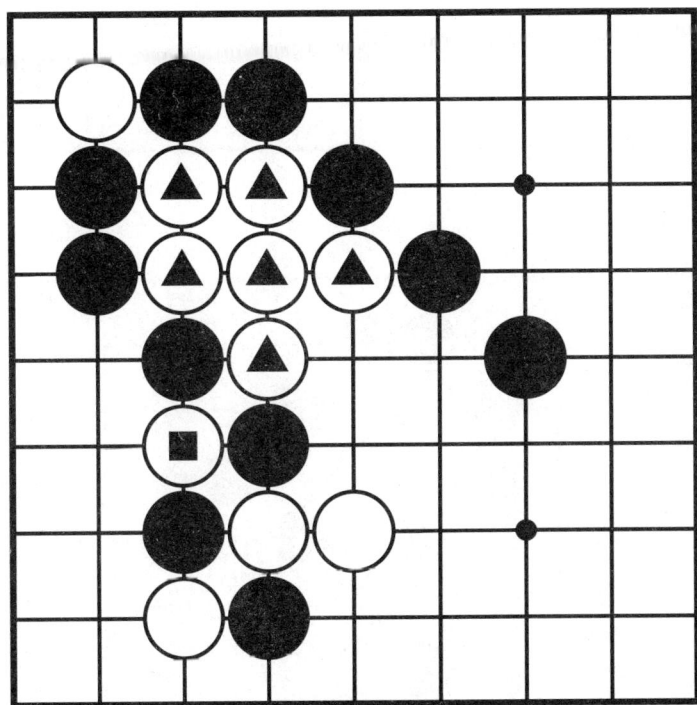

请找到进攻的目标，并在正确选项后面的括号中画「√」。

▲（　　）　　■（　　）

正解

〇

黑1正确，可吃掉
白方关键的一颗
棋子。白6颗棋子
依然无法逃跑。

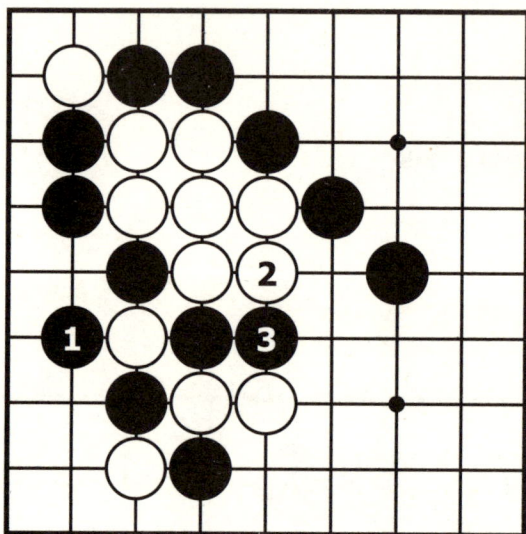

错解

✕

黑1选择错误，
白2可以反吃黑
棋一子，黑失败。

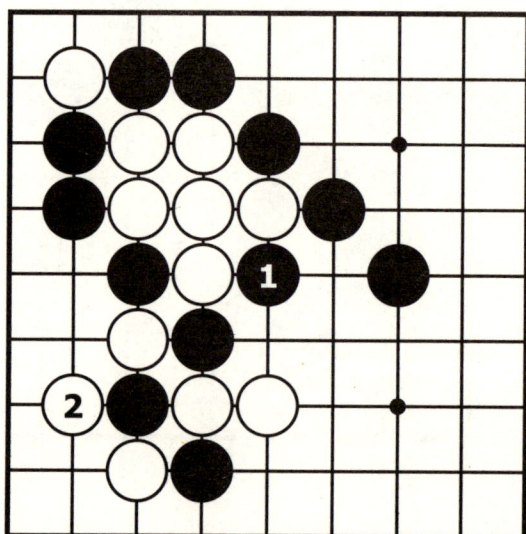

Q21 第 21 题

难度：★ ★

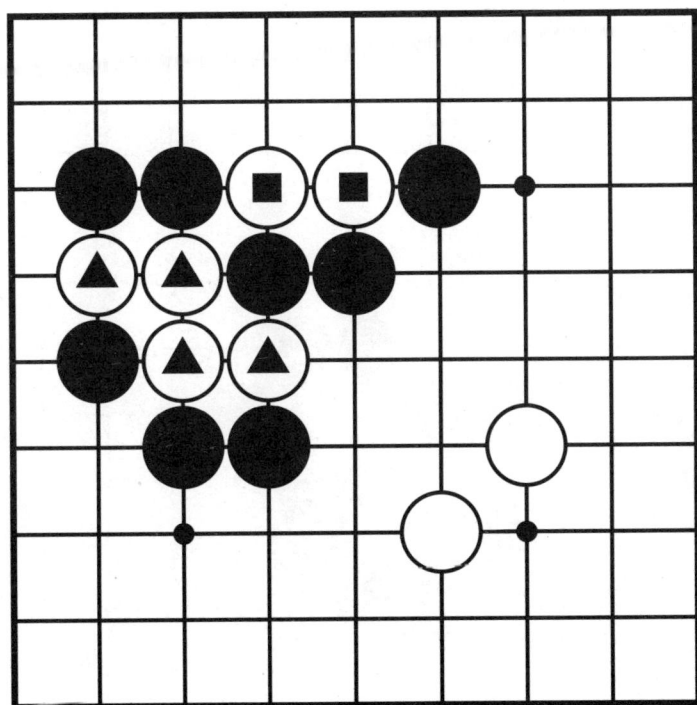

请找到进攻的目标，并在正确选项后面的括号中画「✓」。

▲（　　）　■（　　）

正解

○

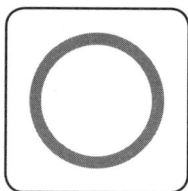

黑 1 正确，可吃
掉白方关键的 4
颗棋子。

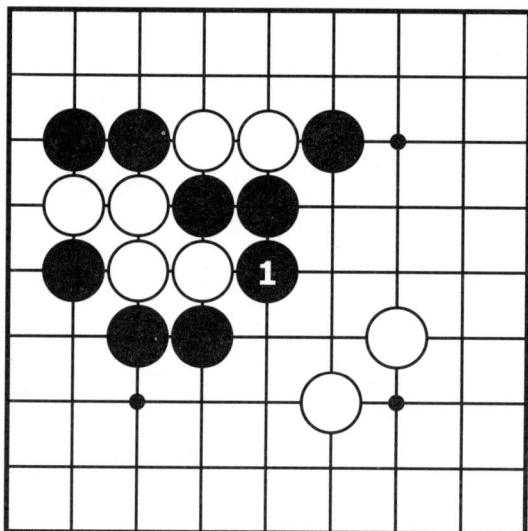

错解

✕

黑 1 选择错误，
白 2 可以使关键
棋子跑出，反吃
黑棋左下角棋子，
黑失败。

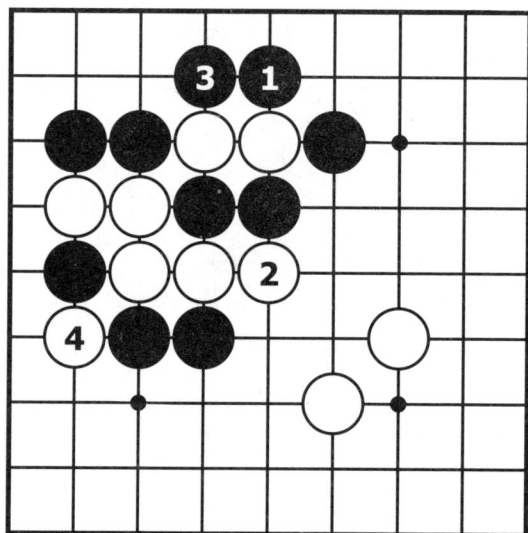

22

第 22 题

难度 : ★ ★

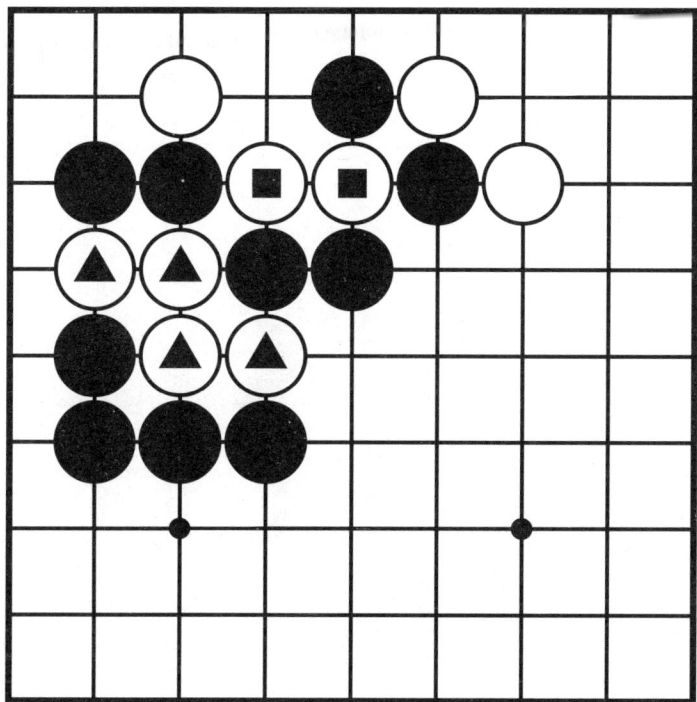

请找到进攻的目标，并在正确选项后面的括号中画「√」。

▲（　　）　　■（　　）

正解

◯

黑1正确，可吃
掉白方关键的两
颗棋子。

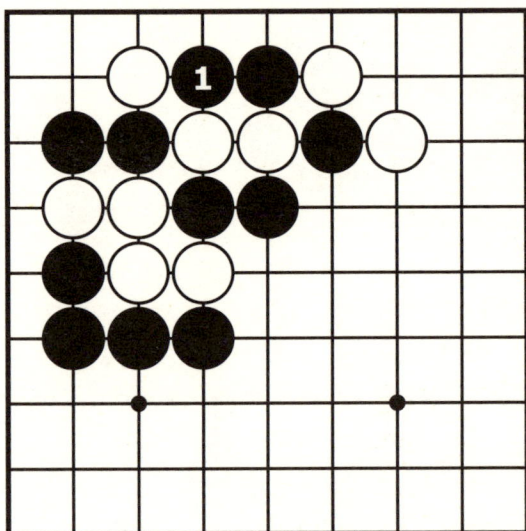

错解

✕

黑1选择错误，
白2可以反吃黑
棋一子，黑失败。

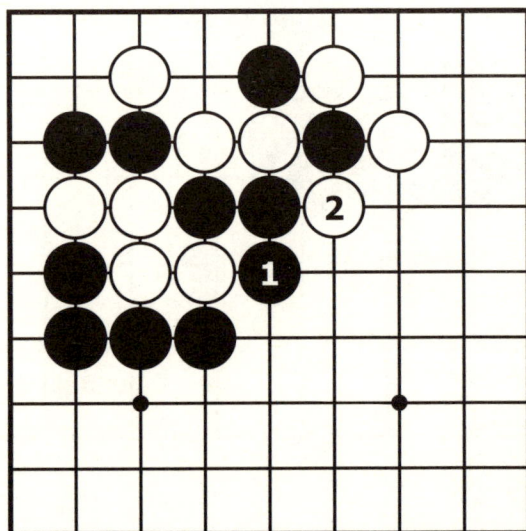

23

第 23 题

难度：★ ★

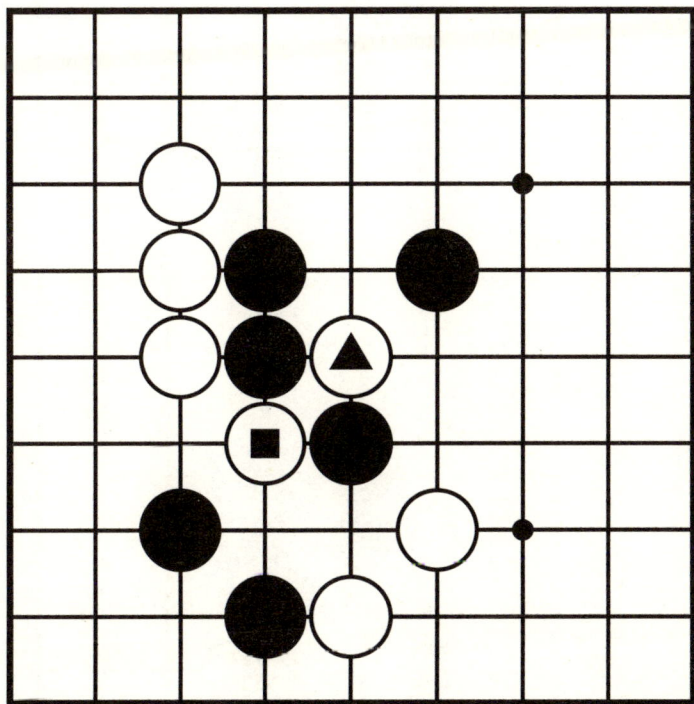

请找到进攻的目标，并在正确选项后面的括号中画「√」。

▲（　　）　■（　　）

正 解

○

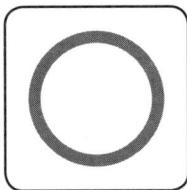

黑 1 正确。吃掉
白方关键棋子的
同时，确保自身
安全。

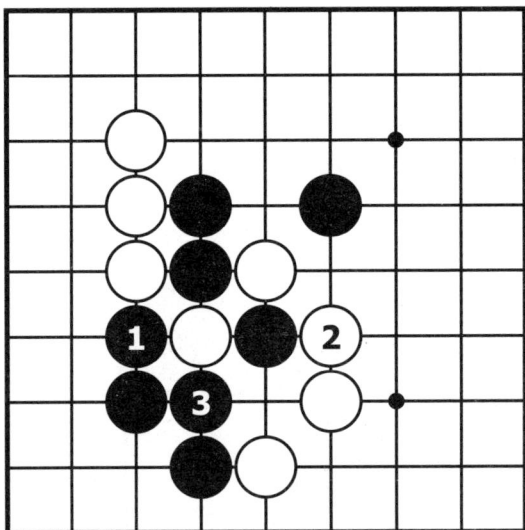

错 解

×

黑 1 选择错误。
虽可吃掉白方一
颗棋子，但白 2、
白 4 联络之后，
黑棋左下角受到
威胁。黑失败。

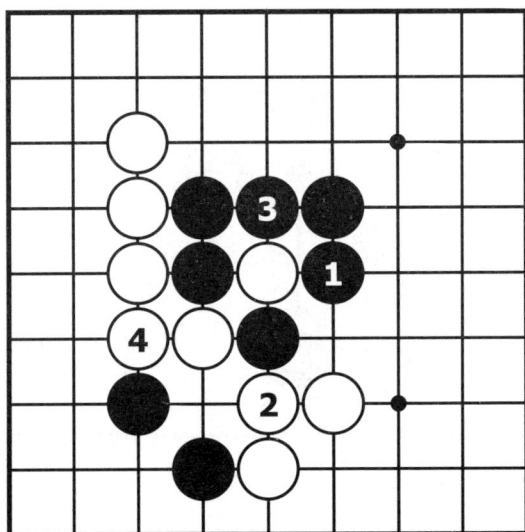

24

第 24 题

难度：★ ★

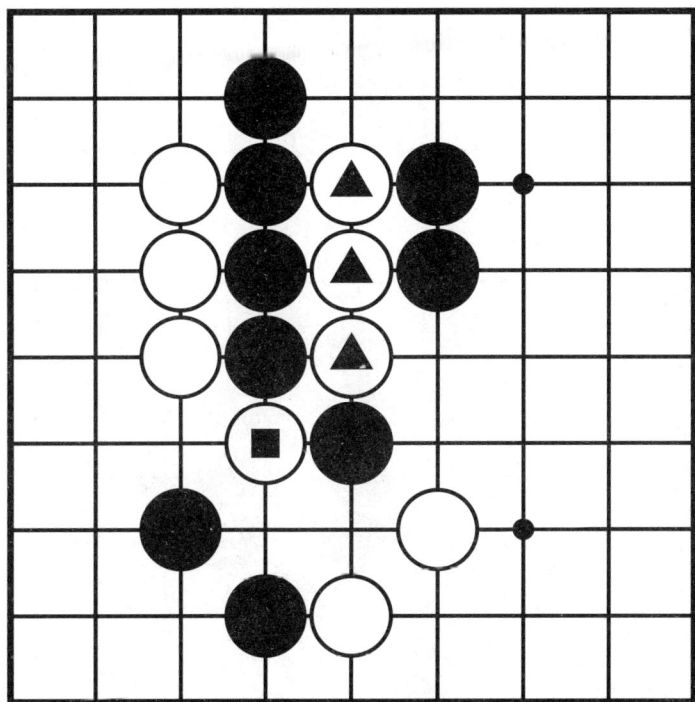

请找到进攻的目标，并在正确选项后面的括号中画「✓」。

▲（　　）　■（　　　）

正解

⭕

黑 1 正确。吃掉白方关键的一颗棋子，确保自身安全。

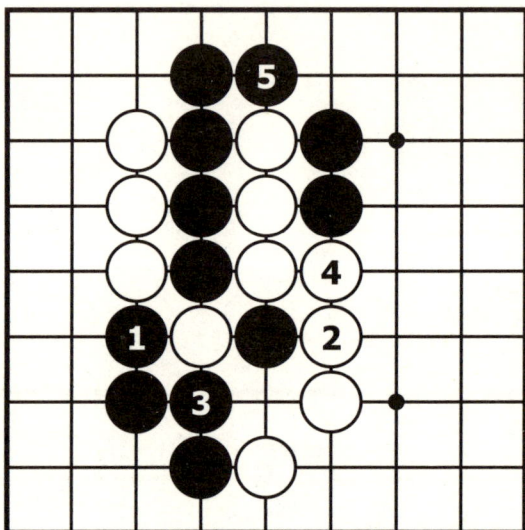

错解

❌

黑 1 选择错误。看上去吃掉白方 3 颗棋子，占到便宜，但被白 2、白 4 联络之后，黑棋左下角受到威胁。黑失败。

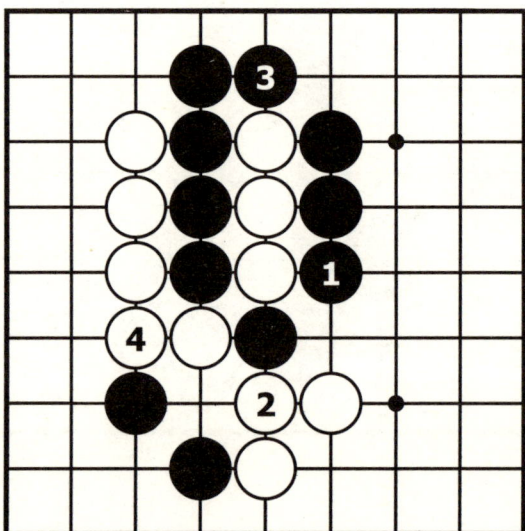

25

第 25 题

难度：★ ★

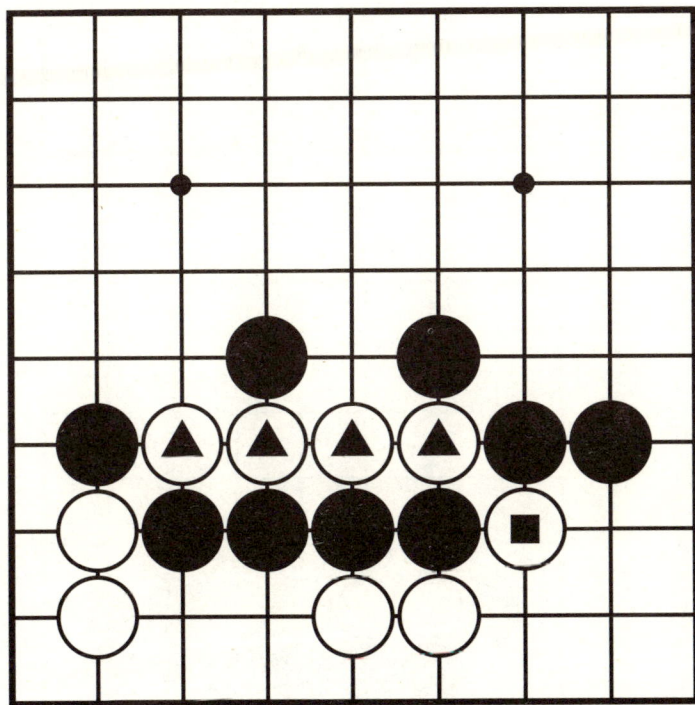

请找到进攻的目标，并在正确选项后面的括号中画「√」。

▲（　　） ■（　　）

正解

○

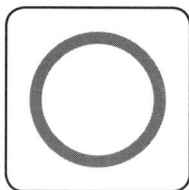

黑 1 正确。可吃
掉白方 4 颗关键
棋子。

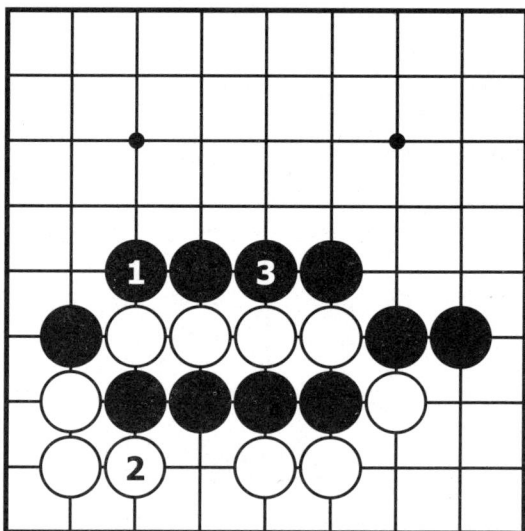

错解

✕

黑 1 选择错误。
白2、白4先手之
后，白下在 6 位
可以使白棋 4 颗
危险的棋子跑出
来，黑得不偿失。

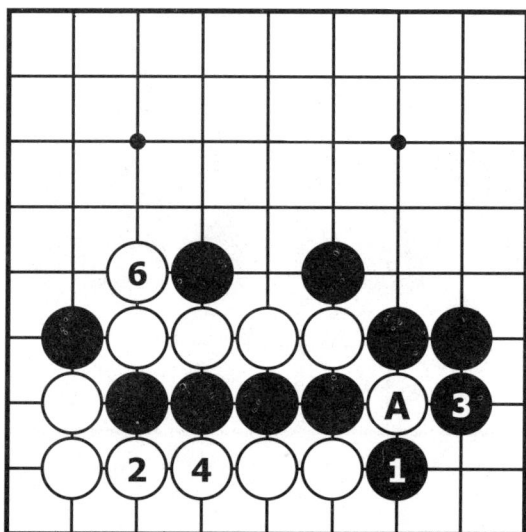

❺ = Ⓐ

26 第 26 题

难度：★ ★ ★

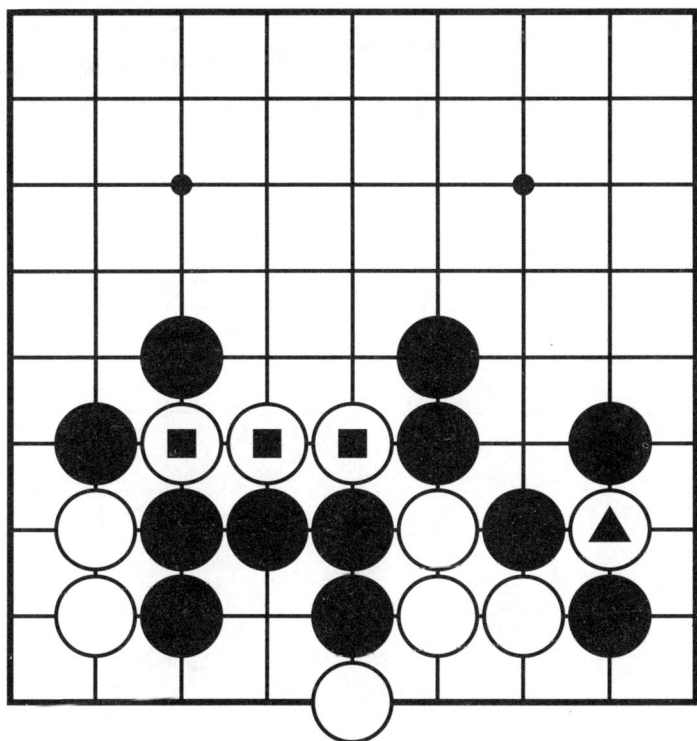

请找到进攻的目标，并在正确选项后面的括号中画「√」。

▲（　　）　■（　　）

正解

黑1正确。吃掉白方3颗关键棋子,确保自身安全。

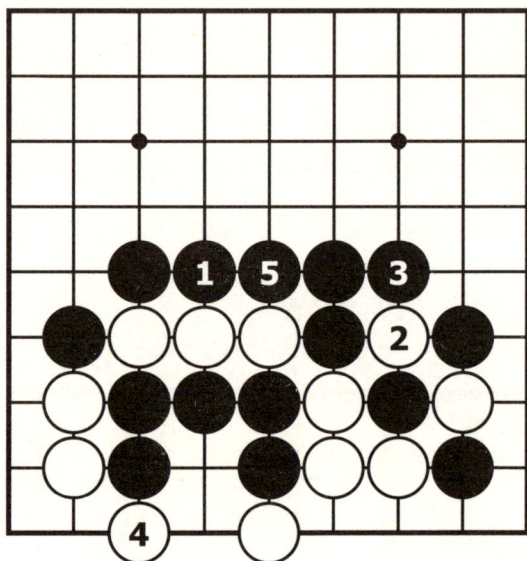

错解

黑1选择错误。白2可将黑棋下方5颗棋子吃掉。黑失败。

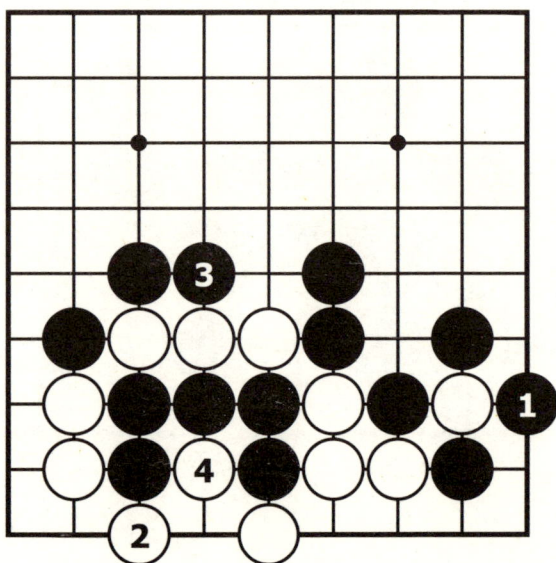

27

第 27 题

难度：★ ★ ★

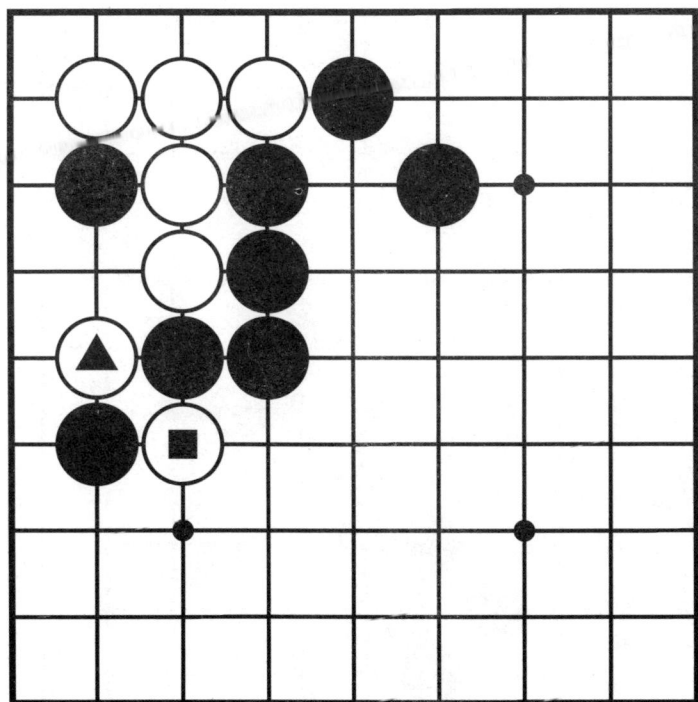

请找到进攻的目标，并在正确选项后面的括号中画「√」。

▲（　　　）　■（　　　）

正解

◯

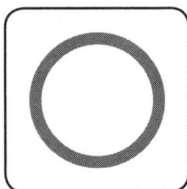

黑 1 正确。吃掉
白方一颗关键棋
子，同时白上方
5 颗棋子也成为
死棋。

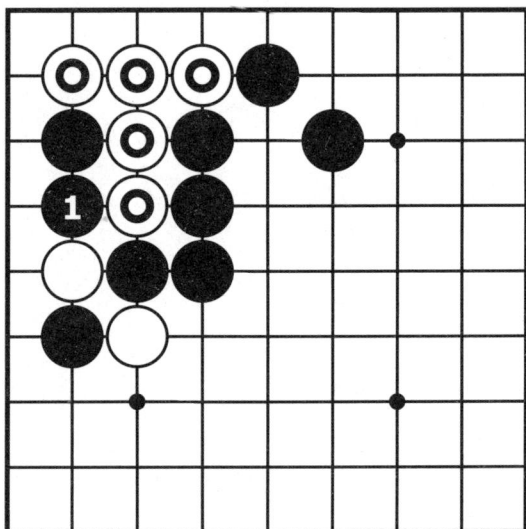

错解

✕

黑 1 选择错误。
白 2 联络后，不
仅吃掉黑方一颗
棋子，同时解救
了白棋上方 5 颗
棋子。黑失败。

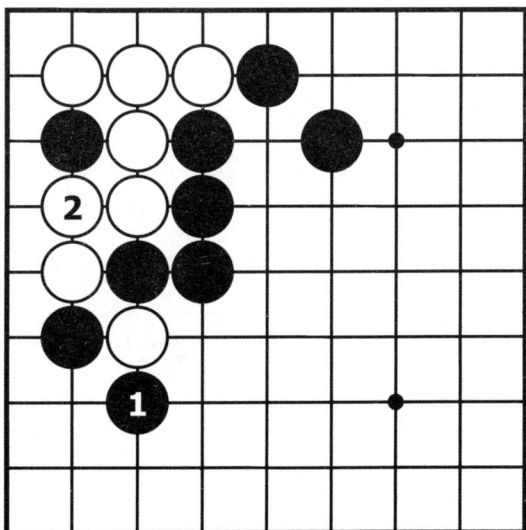

28

第 28 题

难度：★ ★ ★

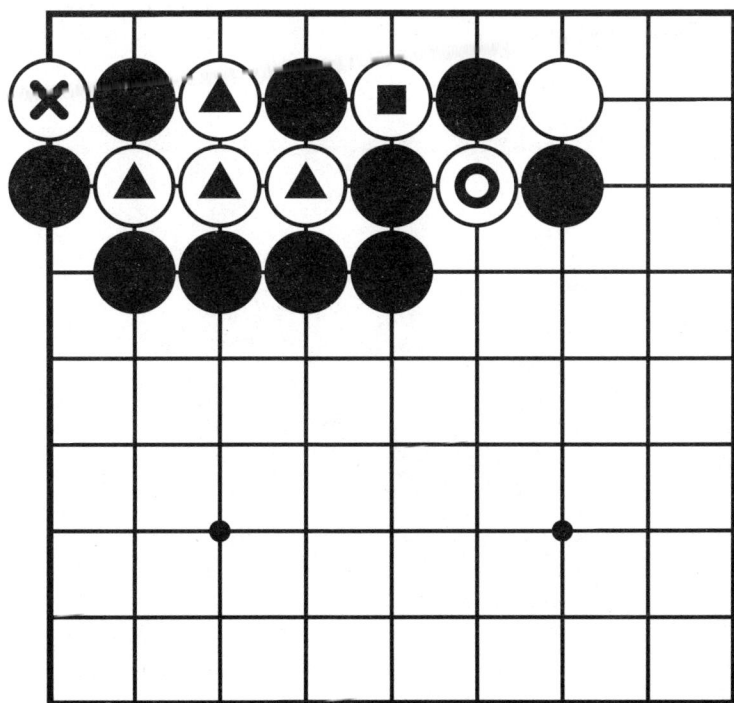

请找到进攻的目标，并在正确选项后面的括号中画「√」。

▲（　　） ■（　　） X（　　） O（　　）

正解

⭕

黑 1 正确，可吃掉白方关键的 4 颗棋子，确保自身安全。白 2 提一子没有作用，黑 3 长出后白棋整体还是死棋。

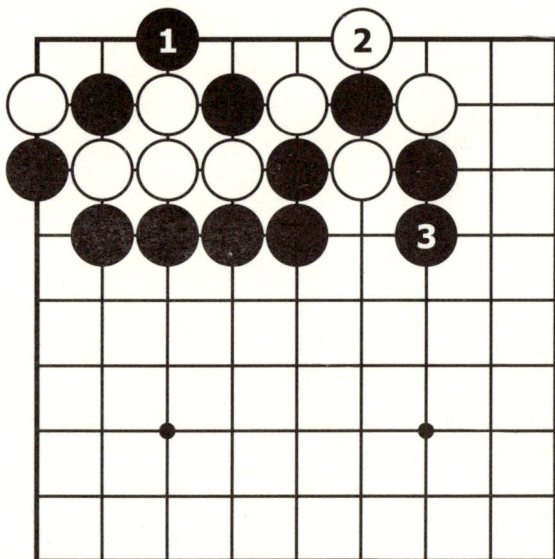

错解1

❌

黑 1 选择错误，白 2 可以反吃黑棋一子，右上活出一块，黑失败。

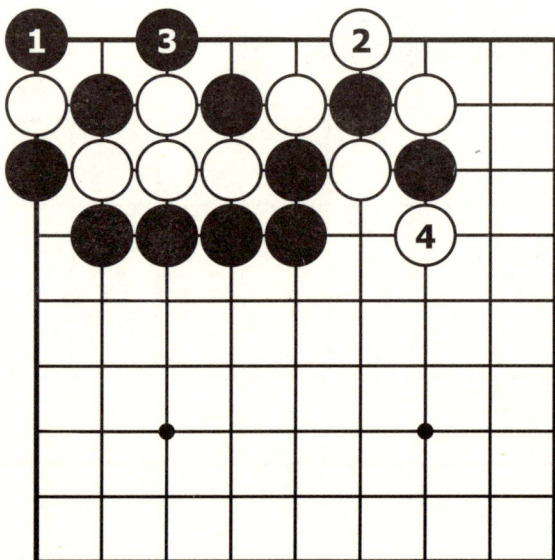

错解 2

❌

黑 1 选择错误，白 2 可以反吃黑棋一子，左上活出一块，黑失败。

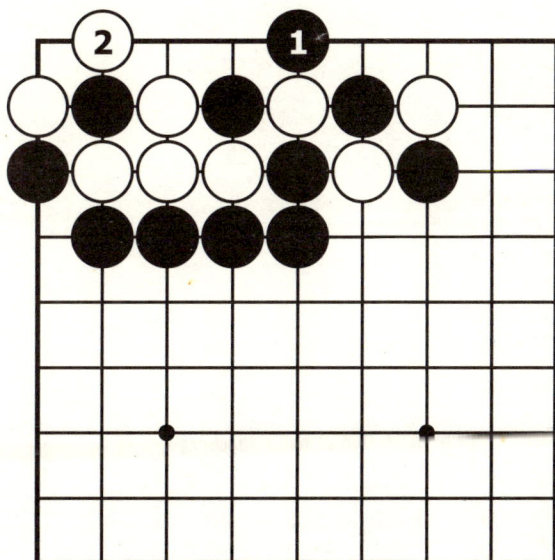

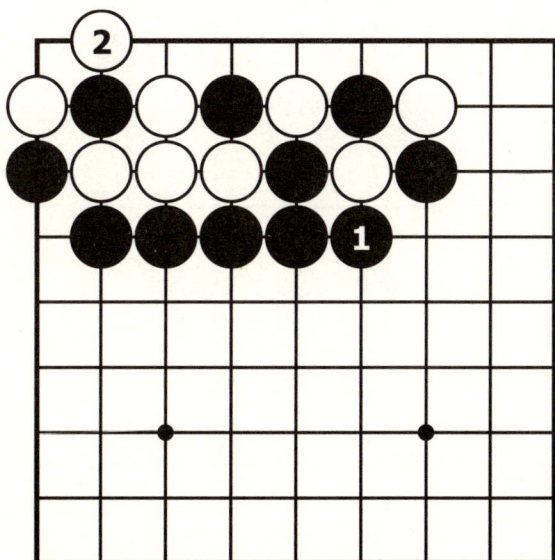

错解 3

❌

黑 1 选择错误，白 2 可以反吃黑棋一子，左上活出一块，黑失败。

29 Q

第 29 题

难度：★ ★ ★

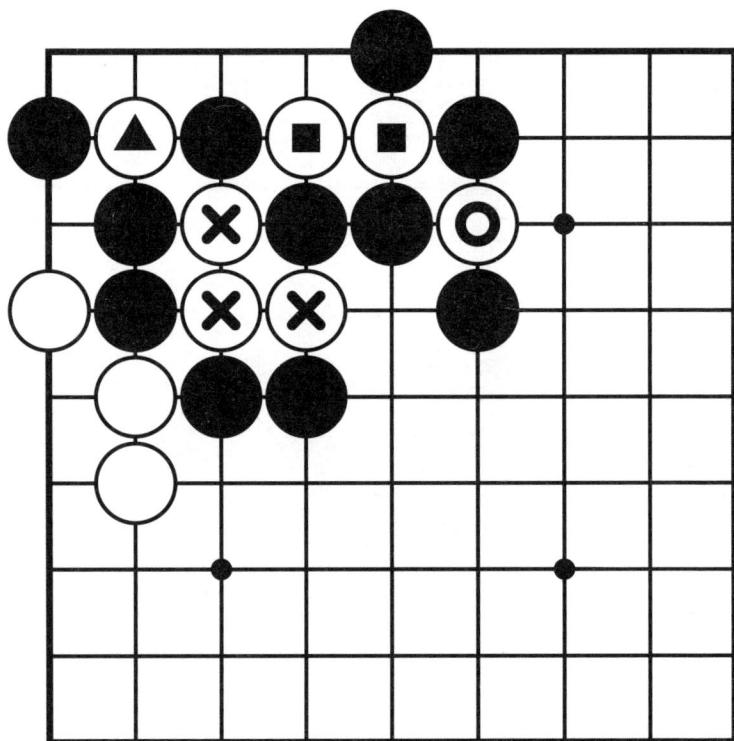

请找到进攻的目标，并在正确选项后面的括号中画「√」。

▲ (　　　) 　 ■ (　　　) 　 × (　　) 　 ○ (　　)

正解

○

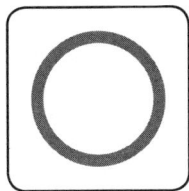

黑 1 正确，可吃
掉白方关键的 3
颗棋子，确保自
身安全。

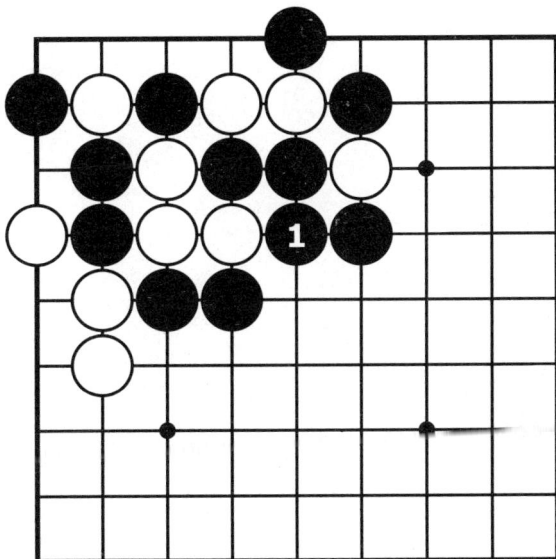

错解 1

✕

黑 1 选择错误，
白 2 可以反吃黑
棋关键两子，救
出危险棋子。黑
失败。

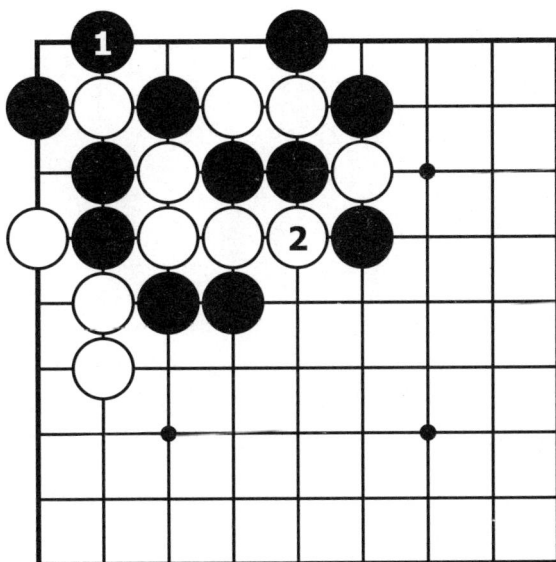

错解2

❌

黑1选择错误，
白2可以反吃黑
棋关键两子，救
出关键棋子，黑
失败。

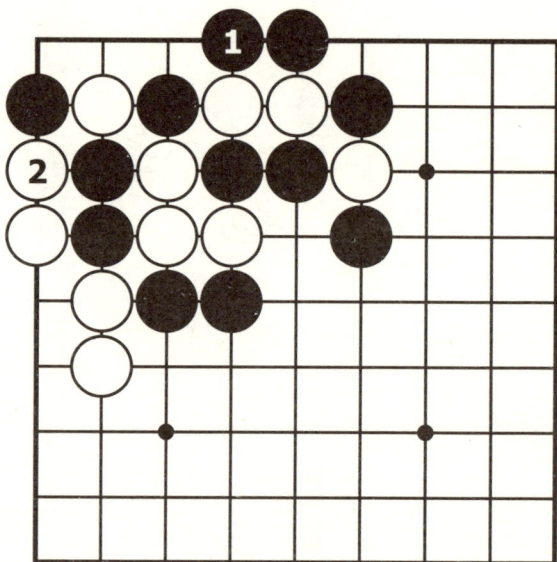

错解3

❌

黑1选择错误，
白2可以反吃黑
棋关键两子，救
出危险棋子。黑
失败。

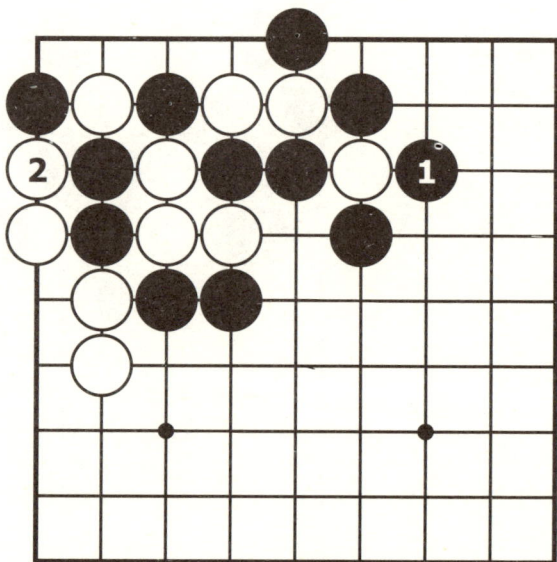

30

第 30 题

难度：★ ★ ★

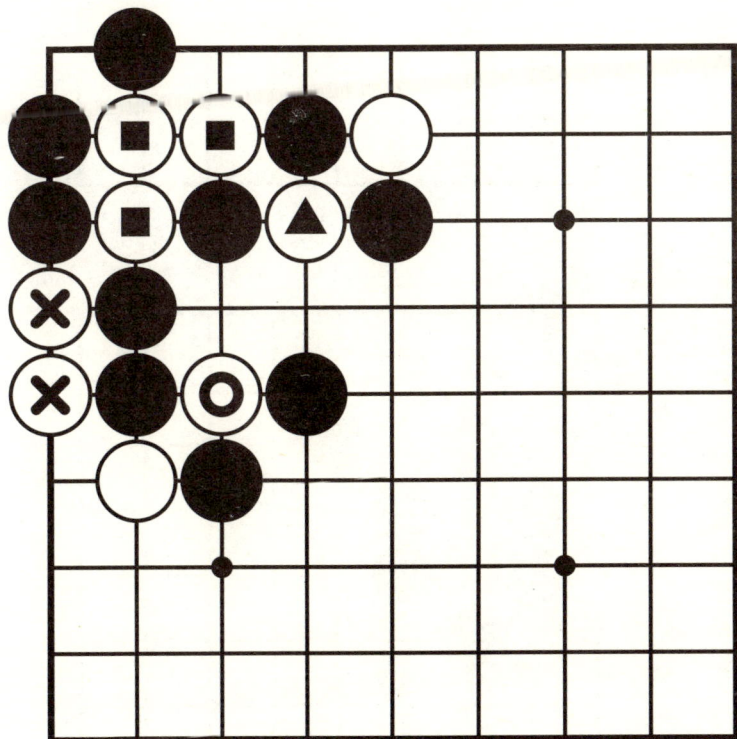

请找到进攻的目标，并在正确选项后面的括号中画「∨」。

▲（　　）　■（　　）　✕（　　）　〇（　　）

正解

○

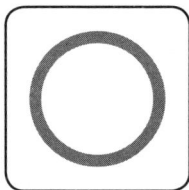

黑 1 正确，可吃
掉白方关键的 3
颗棋子，确保自
身安全。

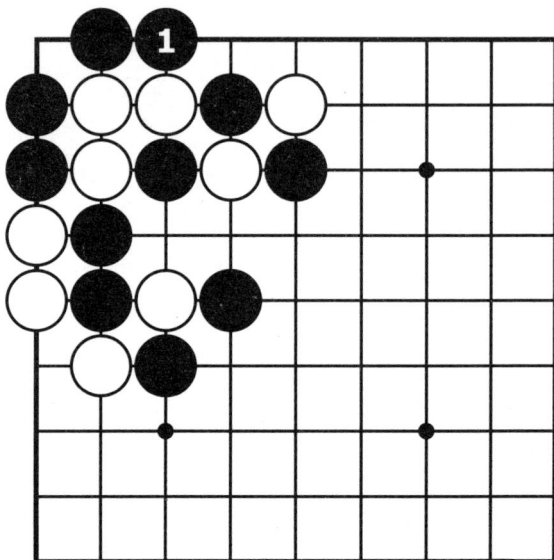

错解 1

✕

黑 1 选择错误，
白 2 可以反吃黑
棋关键两子，救
出危险棋子。黑
失败。

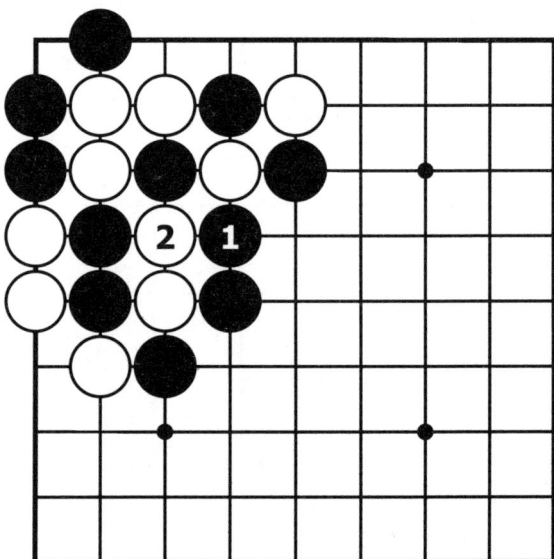

错解 2

黑 1 选择错误，白 2 可以反吃黑棋关键一子，救出危险棋子。黑失败。

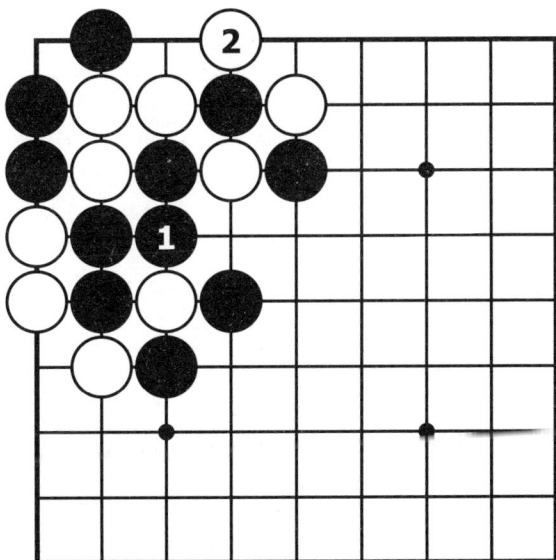

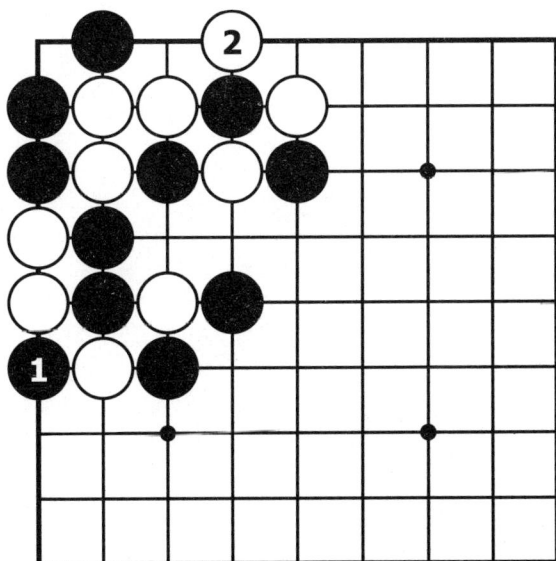

错解 3

黑 1 选择错误，白 2 可以反吃黑棋关键一子，救出危险棋子。黑失败。

第2章
战术

找准"气"

本章是基础中的基础，题目相对简单。目的是引导初学者观察对方棋子可能出逃的方向（气），为接下来学习吃子技巧打好基础。

小贴士 本章的重点是明确地找到对手棋子的出逃方向，别被相似的错误方向迷惑。另外，要注意题目标注的棋子，与其他棋子无关，不要混淆哦！

Q1 第1题

难度：★

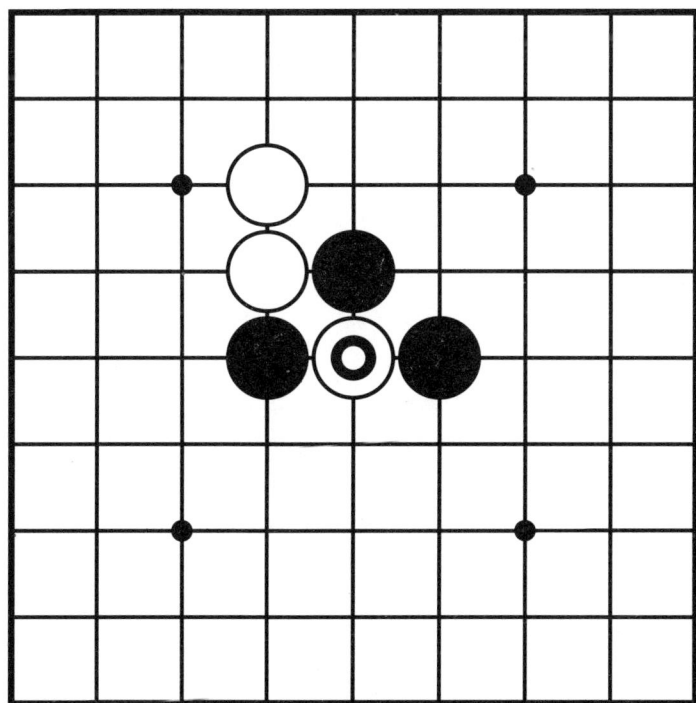

1气（　　）　　3气（　　）

正 解

○

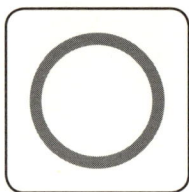

1 气，正确。白
方只有一口气。

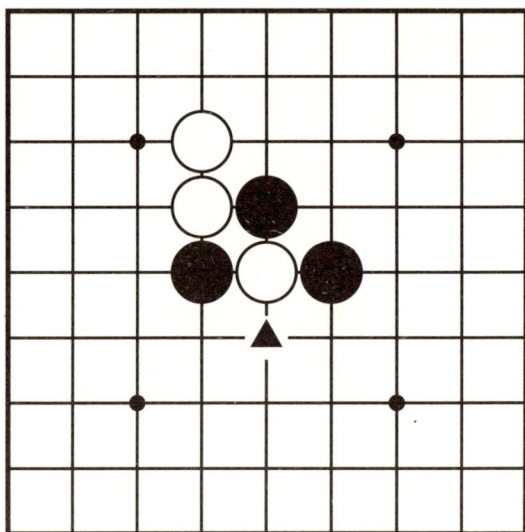

错 解

✕

3 气，错误。✕
位并不是标记的
白棋的气。

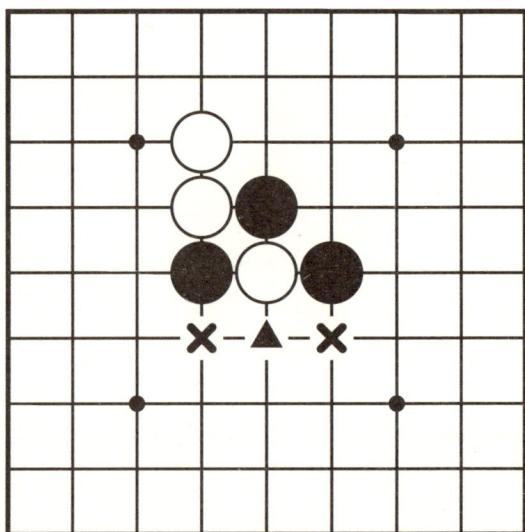

Q2 第 2 题

难度：★ ★

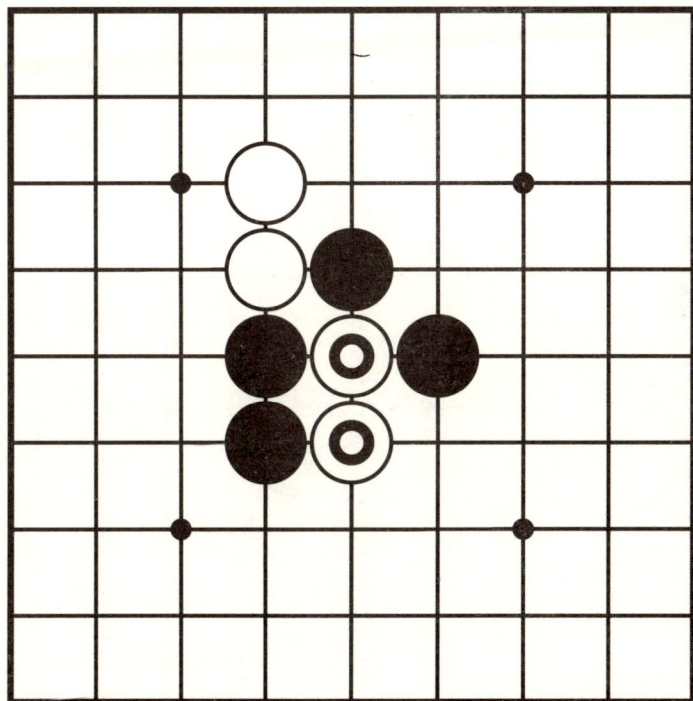

2气（　　）　　4气（　　）

正 解

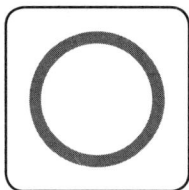

2 气，正确。白
方只有两口气。

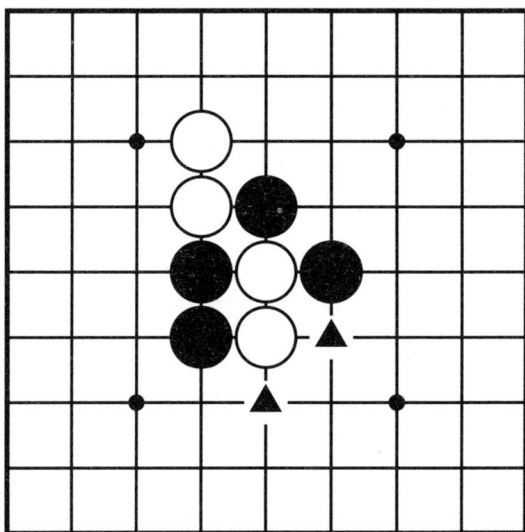

错 解

4 气，错误。× 位
并不是标记的白
棋的气。

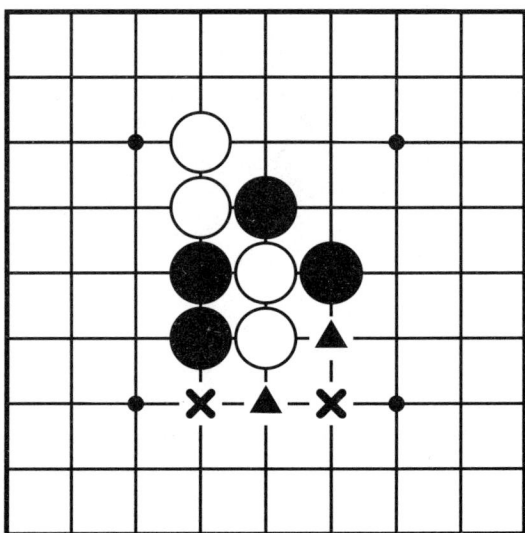

第 3 题

3 Q

难度：★

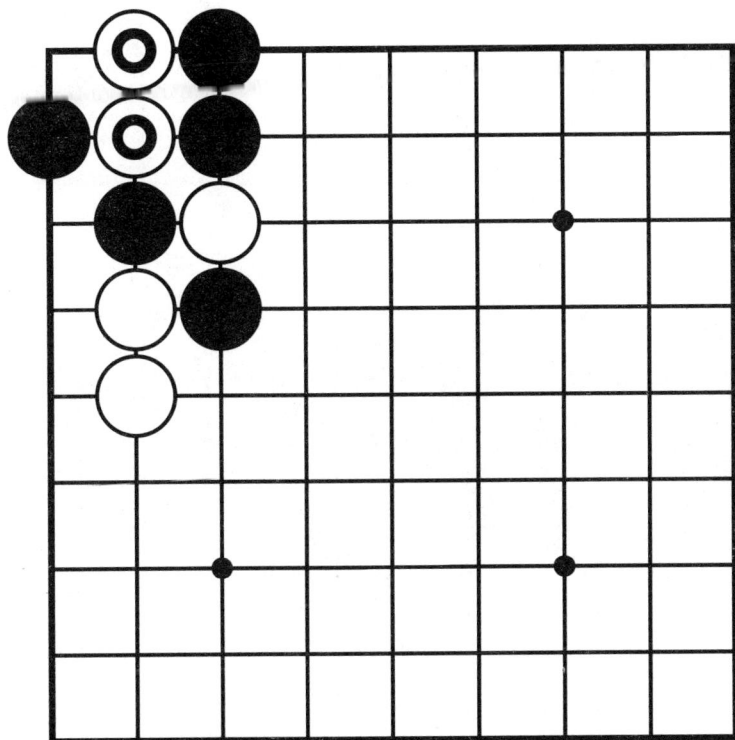

数一数，看看标记的白棋有几口气，并在正确选项后面的括号中画「√」。

1气(　　　)　　2气(　　　)

正解

◯

1气，正确。白方只有一口气。

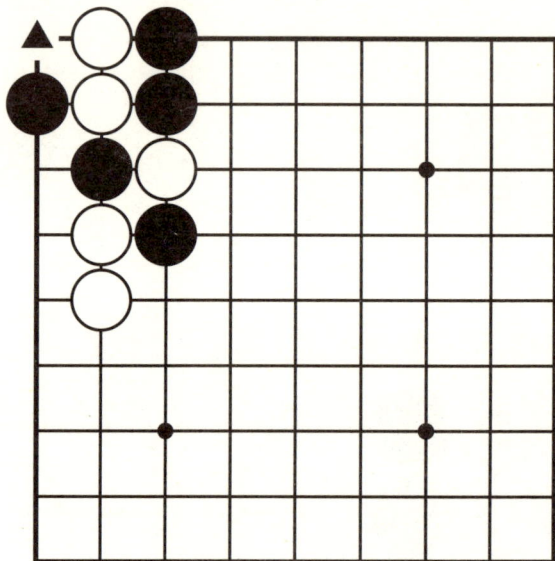

错解

✕

2气，错误。✕位并不是标记的白棋的气。

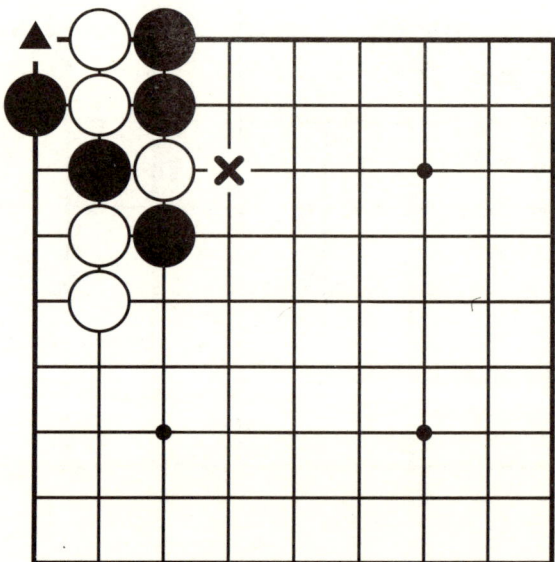

Q 4 第 4 题

难度：★

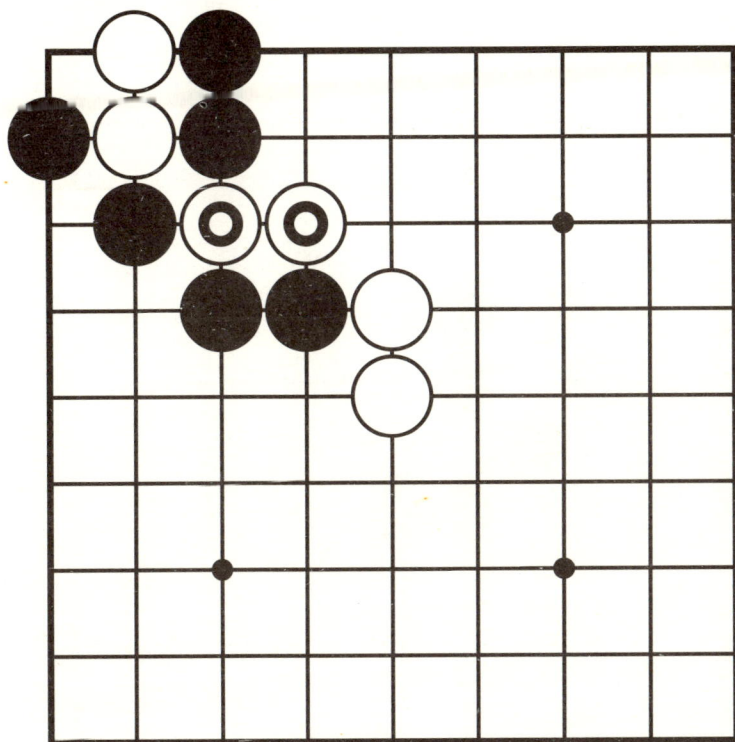

数一数，看看标记的白棋有几口气，并在正确选项后面的括号中画「√」。

1气(　　)　　2气(　　)

正解

2 气，正确。白
方只有两口气。

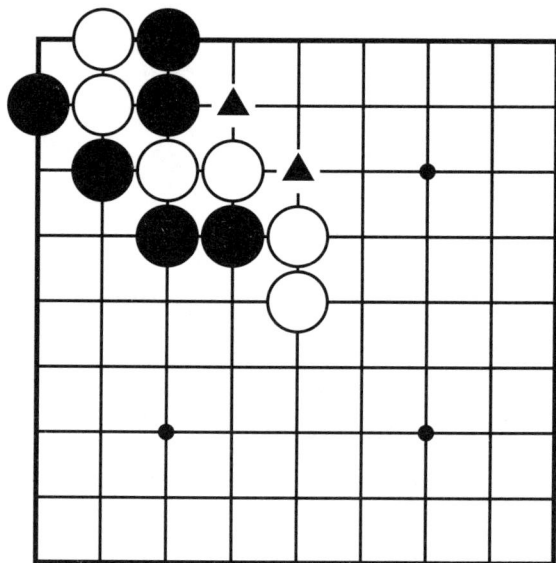

错解

1 气，错误。×
位并不是标记的
白棋的气。

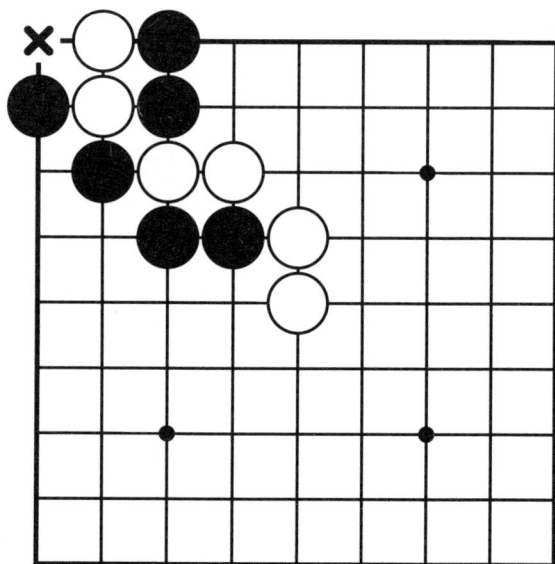

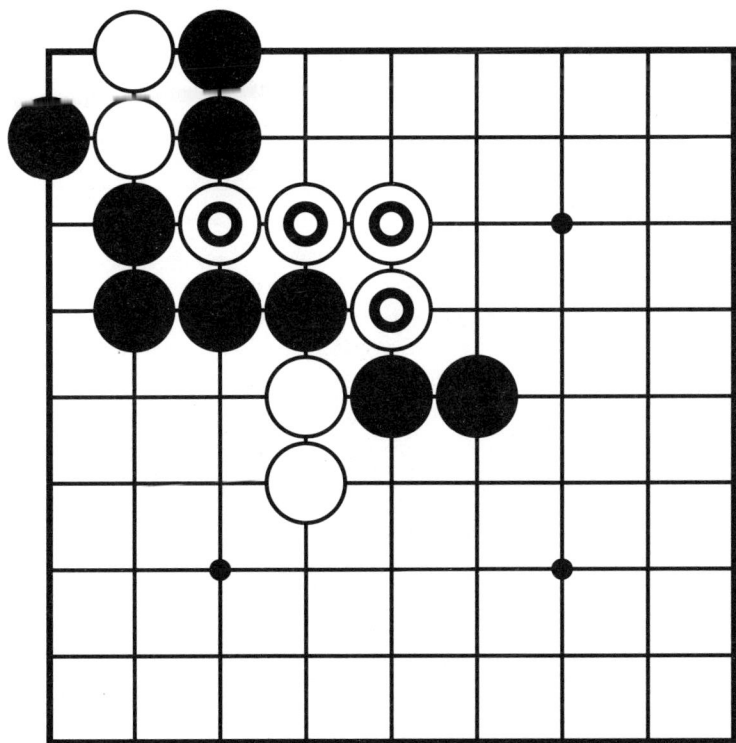

第 5 题

难度：★

数一数，看看标记的白棋有几口气，并在正确选项后面的括号中画「√」。

4气（　　）　　5气（　　）

正解

◯

4气，正确。白方有4口气。

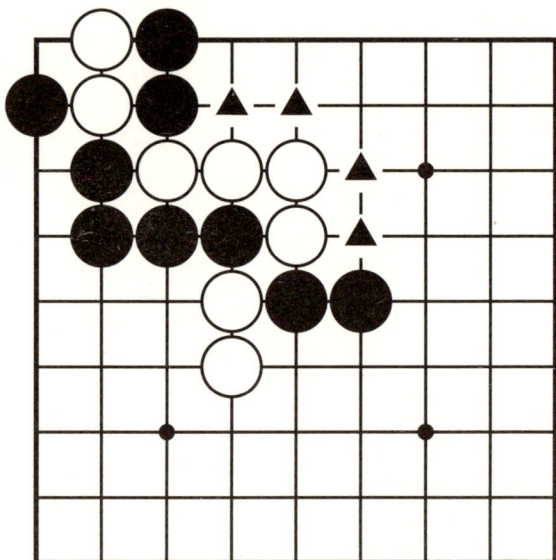

错解

✕

5气，错误。✕位并不是标记的白棋的气。

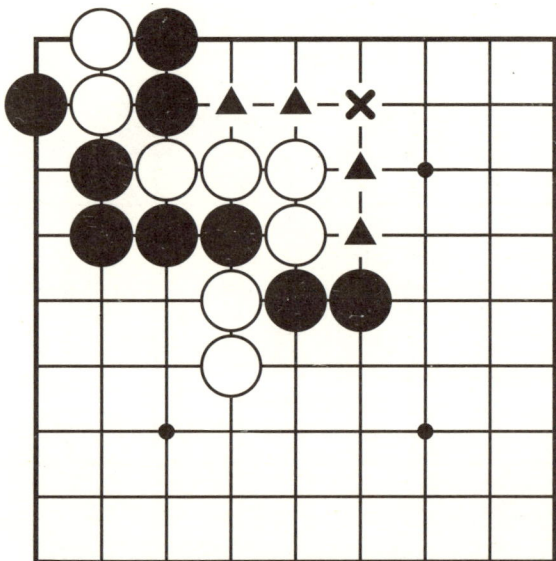

6 Q

第 6 题

难度：★

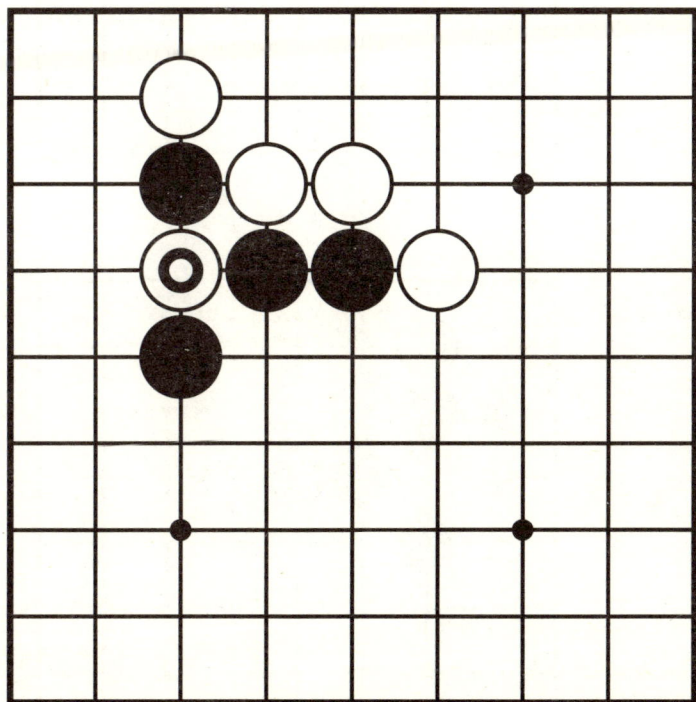

数一数，看看标记的白棋有几口气，并在正确选项后面的括号中画"√"。

1气（　　）　　2气（　　）

正 解

◯

1 气，正确。白
方只有一口气。

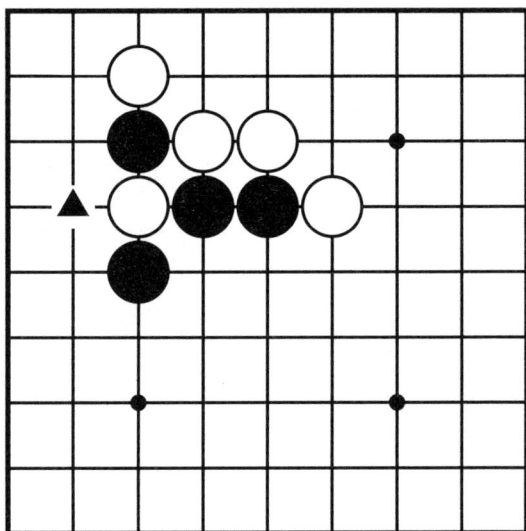

错 解

✕

2 气，错误。✕
位并不是标记的
白棋的气。

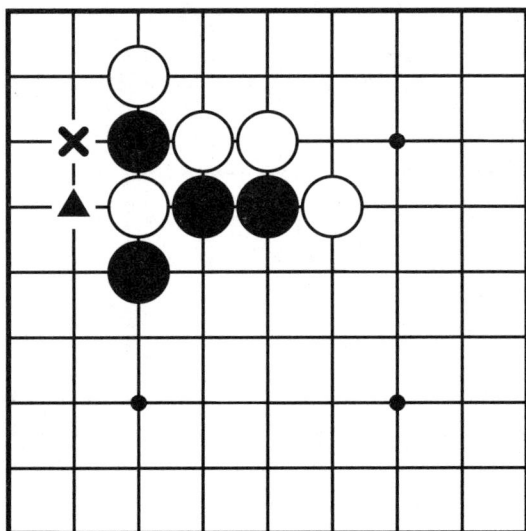

Q7 第 7 题

难度：★

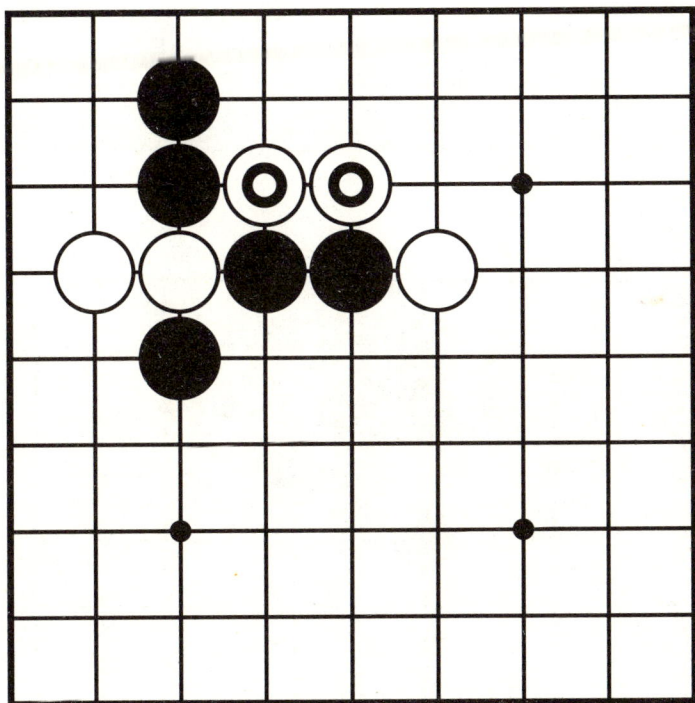

3气（　　）　　6气（　　）

正解

◯

3 气，正确。白
方有 3 口气。

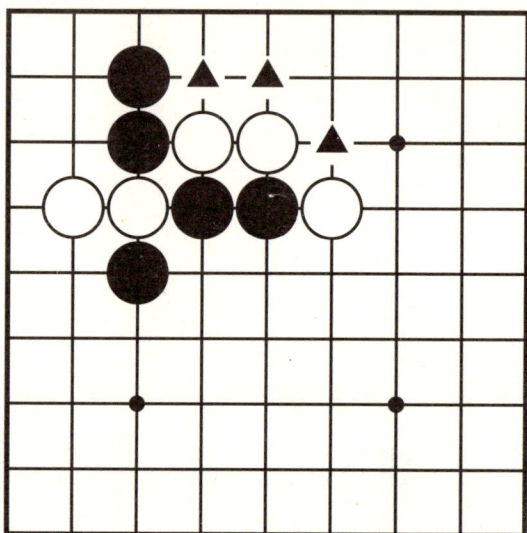

错解

✕

6 气，错误。×
位并不是标记的
白棋的气。

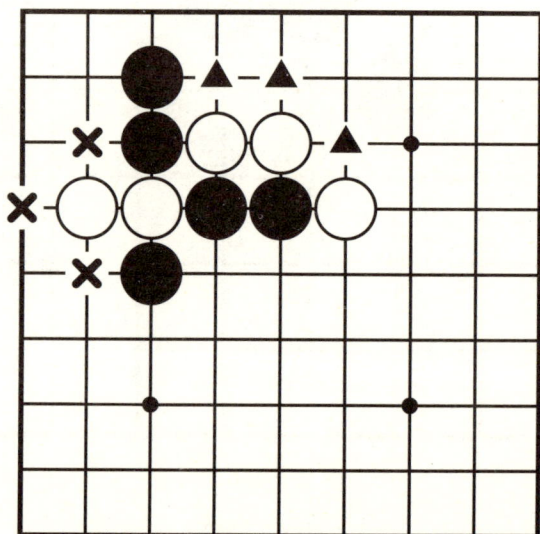

Q 8

第 8 题

难度：★

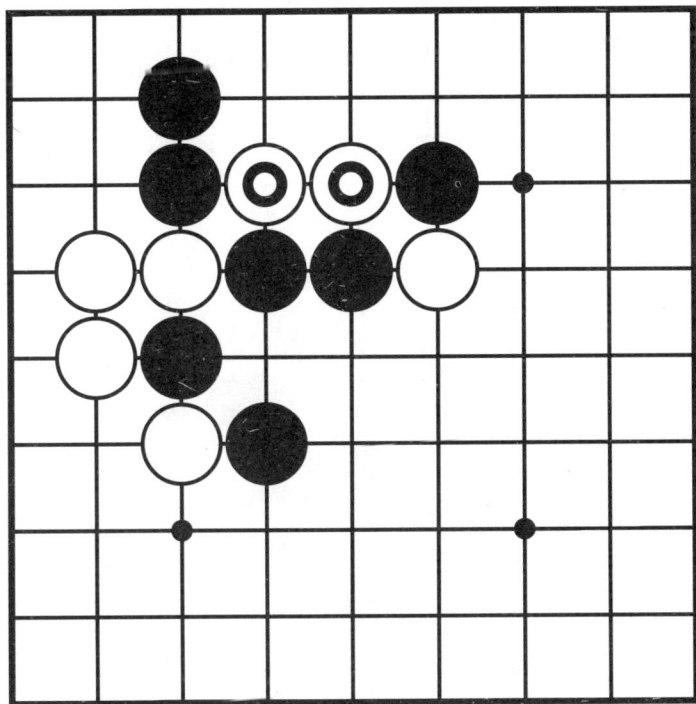

数一数，看看标记的白棋有几口气，并在正确选项后面的括号中画「√」。

2气(　　　)　　4气(　　　)

正解

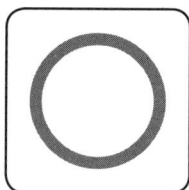

2气，正确。白
方只有两口气。

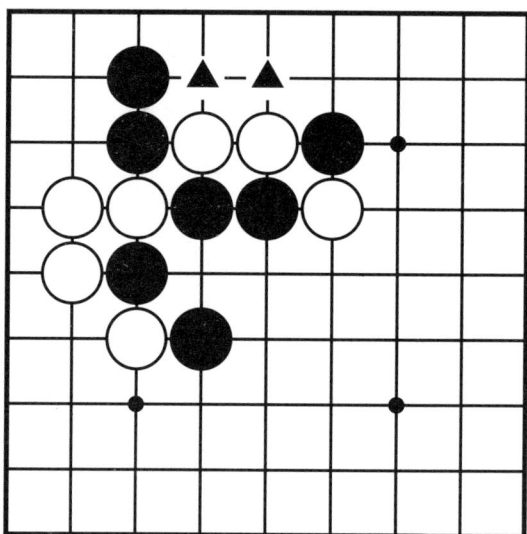

错解

4气，错误。× 位
并不是标记的白
棋的气。

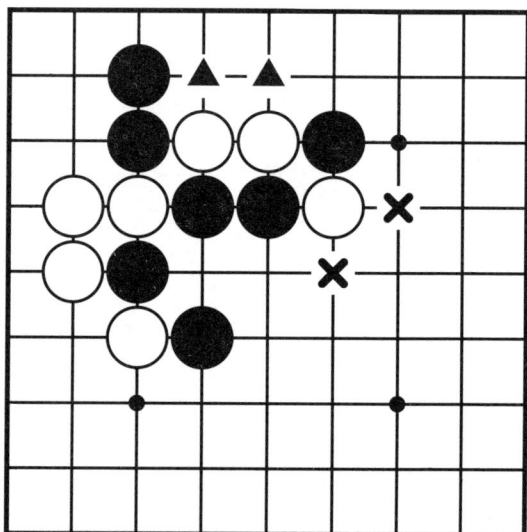

第 9 题

难度：★

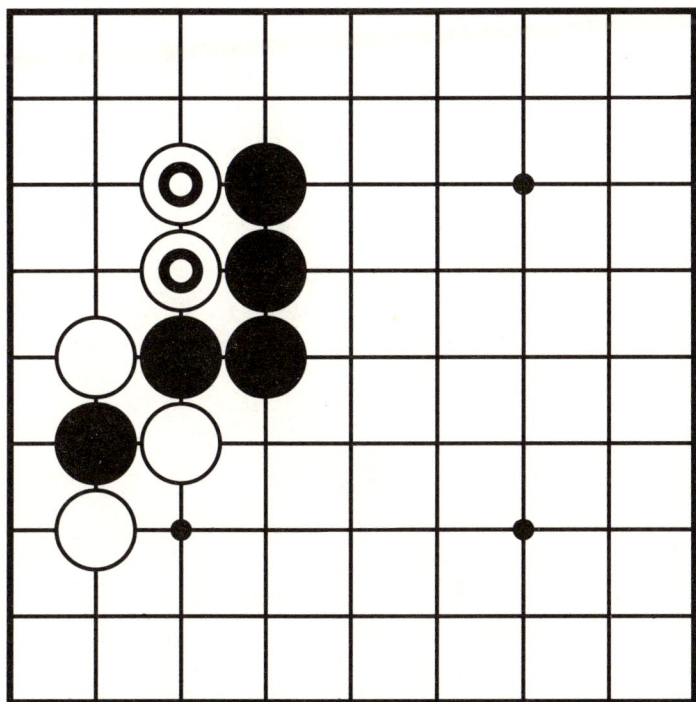

数一数，看看标记的白棋有几口气，并在正确选项后面的括号中画"√"。

1气( )　　3气( )

正 解

○

3 气，正确。白
方有 3 口气。

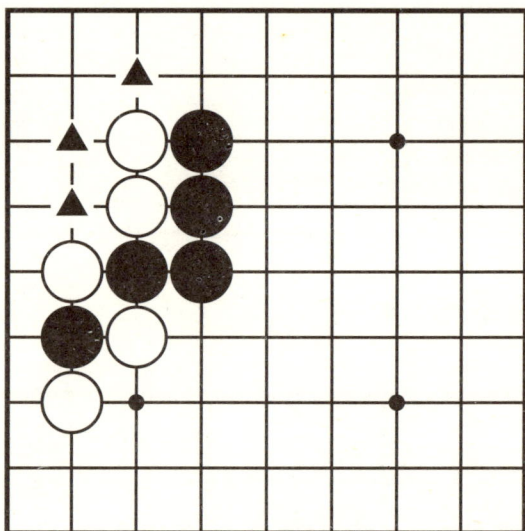

错 解

×

1 气，错误。×
位并不是标记的
白棋的气。

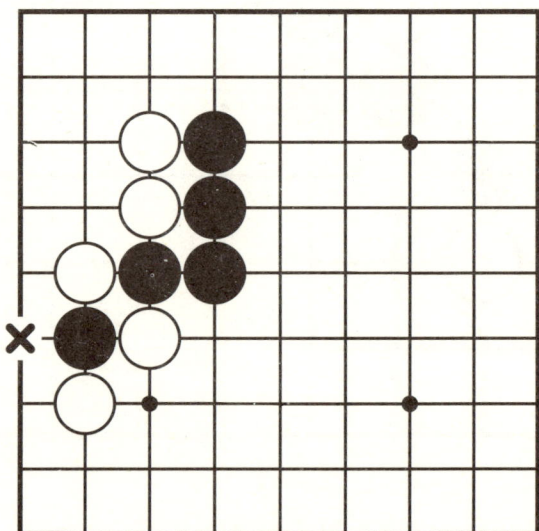

10Q 第 10 题

难度：★

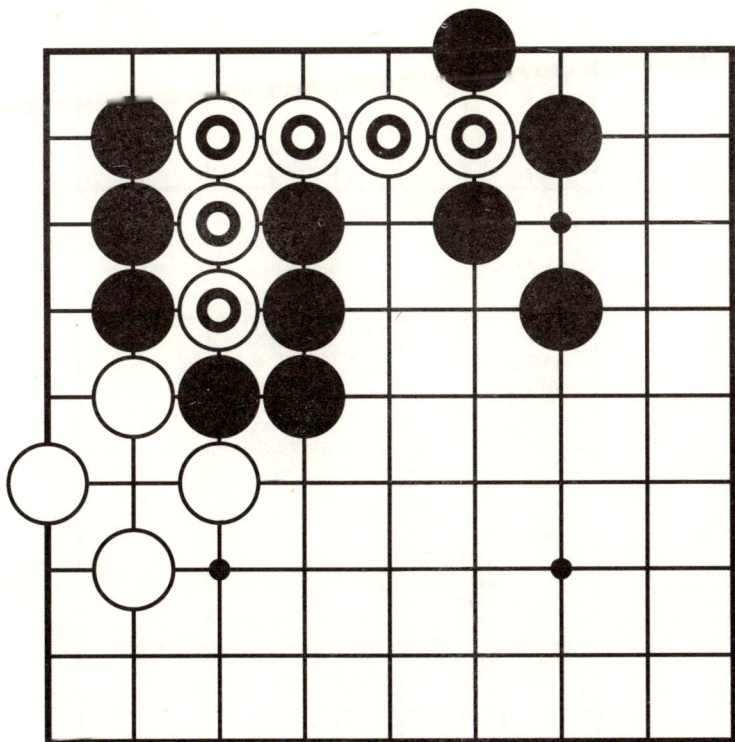

数一数，看看标记的白棋有几口气，并在正确选项后面的括号中画「∨」。

4气（   ）   5气（   ）

正解

◯

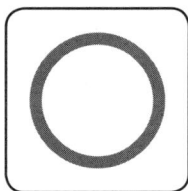

4 气，正确。白
方有 4 口气。

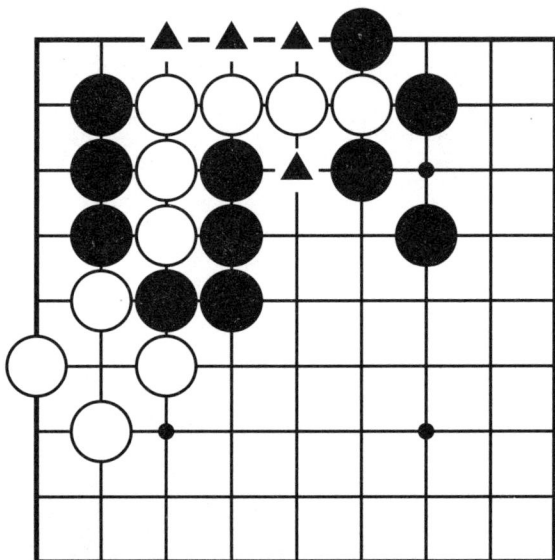

错解

✕

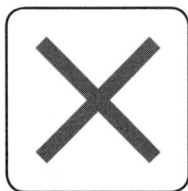

5 气，错误。✕ 位
不是标记的白棋
的气。

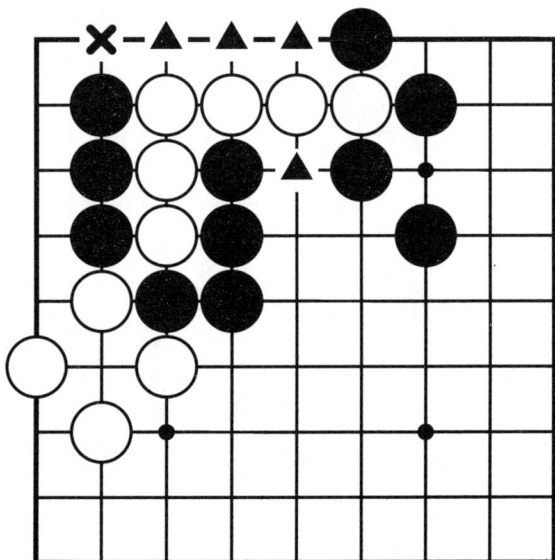

第 3 章
战术

吃子方向

本章训练的内容——吃子方向，是学习吃子过程中最重要的环节。在观察对方棋子出逃方向（气）之后，我们要学会如何围堵重要的方向，引导对手钻进设好的"陷阱"。

小贴士　本章的重点不在于"收气"，而是学习如何正确地选择包围方向。有 3 条基本原则：一是尽可能把对手棋子向我方势力范围里（或棋盘边缘）驱赶；二是阻止对手棋子的联络；三是要防止吃子过程中对方对我们形成"反打吃"。掌握这 3 个原则，吃子问题就解决一大半了！

Q1 第 1 题

难度：★

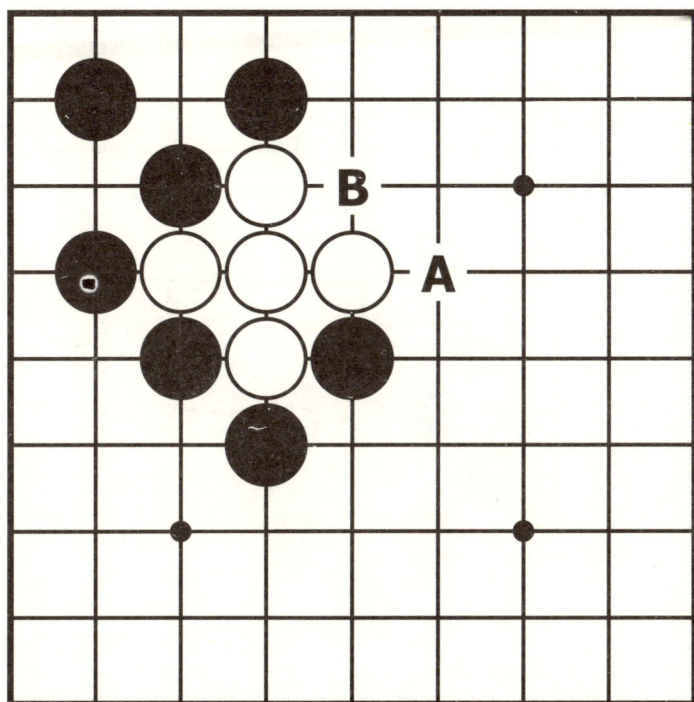

想一想，该在哪里打吃呢？在正确选项后面的括号中画「√」。

A（　　）　　B（　　）

正解

◯

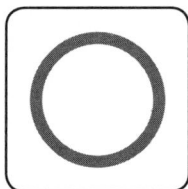

黑 1 方向正确，
以下进程可吃掉
白棋。

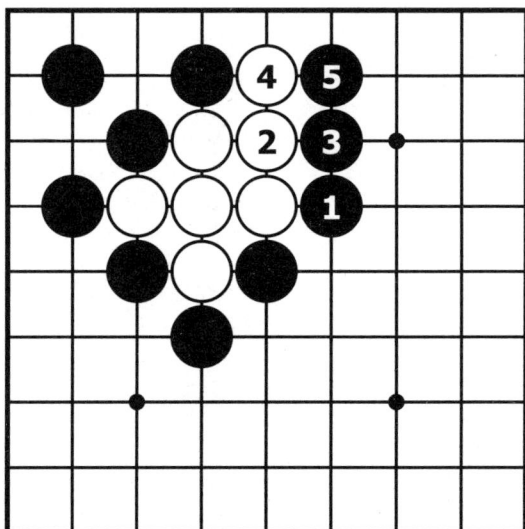

错解

✕

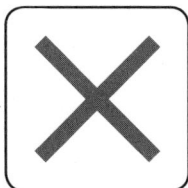

黑 1 方向错误，
白 2 跑出后黑棋
无法吃白。

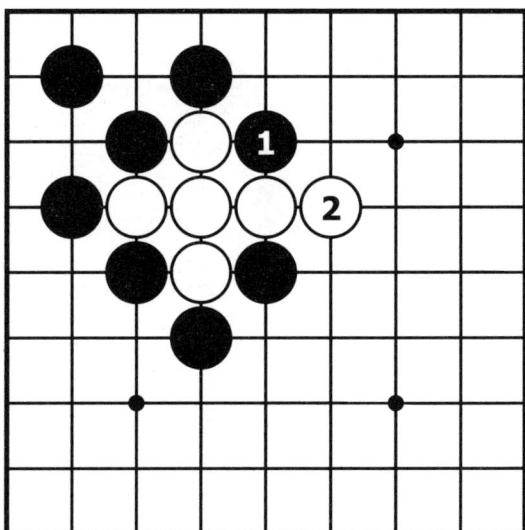

第 2 题

难度：★

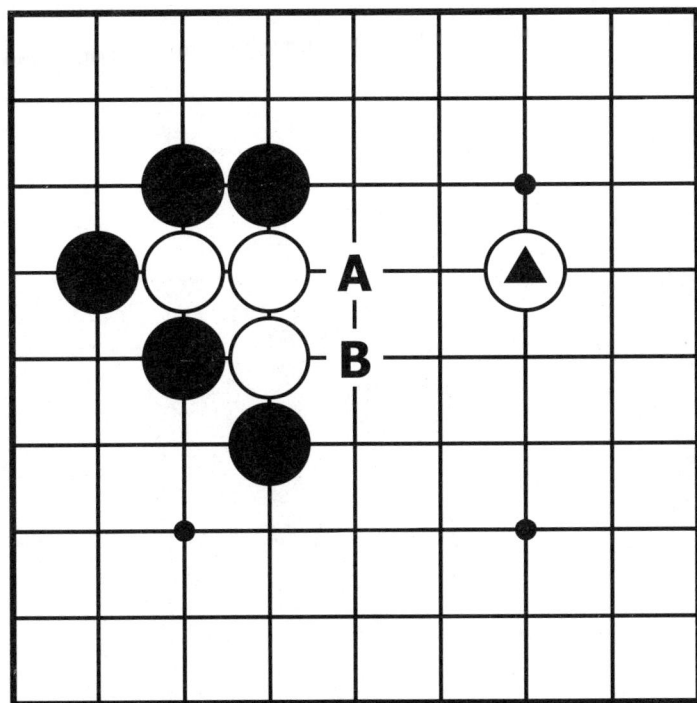

想一想，该在哪里打吃呢？在正确选项后面的括号中画「√」。

提示： 注意▲的影响。

A（　　） B（　　）

正解

○

黑1方向正确，
以下进程可吃掉
白棋。

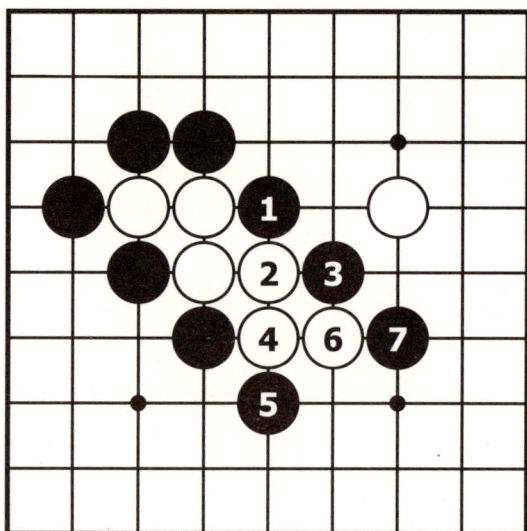

错解

✕

黑1方向错误，
白2跑出后，由
于有接应，黑棋
无法吃白。

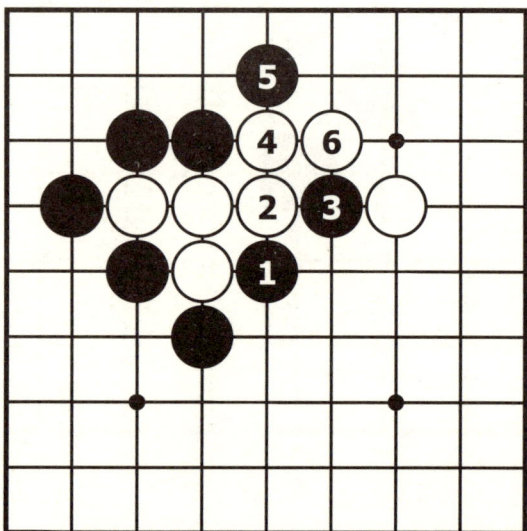

Q3 第 3 题

难度：★

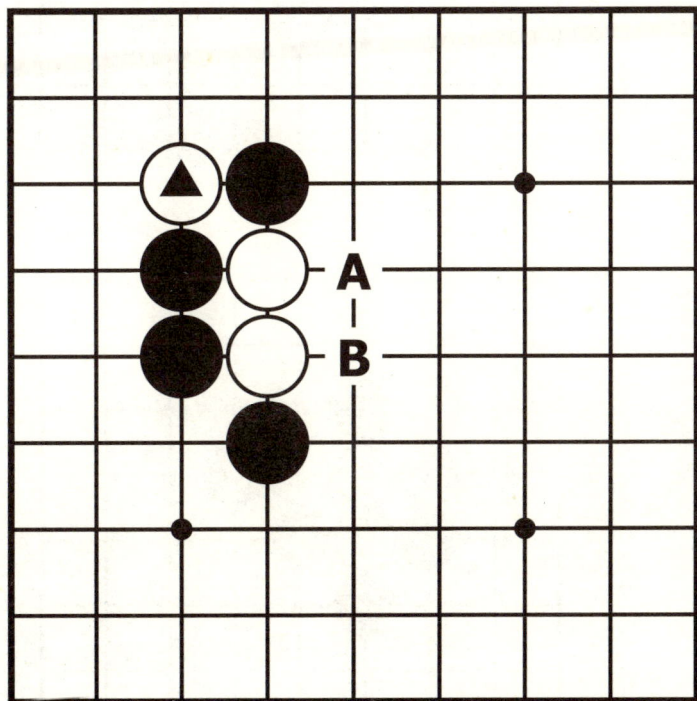

想一想，该在哪里打吃呢？在正确选项后面的括号中画「✓」。

提示：注意▲的影响。

A（　　）　　B（　　）

正解

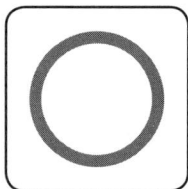

黑 1 方向正确，
以下进程可吃掉
白棋。

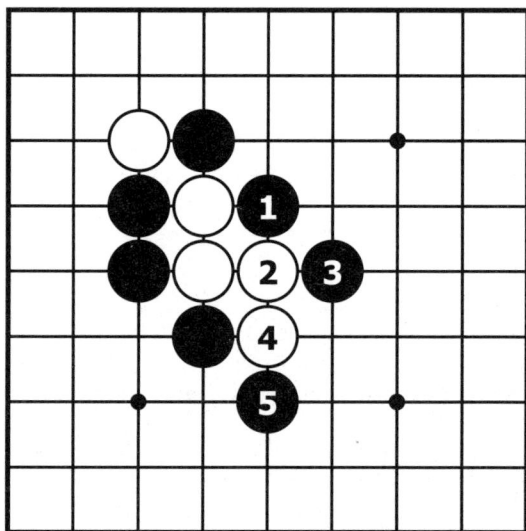

错解

黑 1 方向错误，
白 2 跑出后，由
于有接应，黑棋
无法吃白。

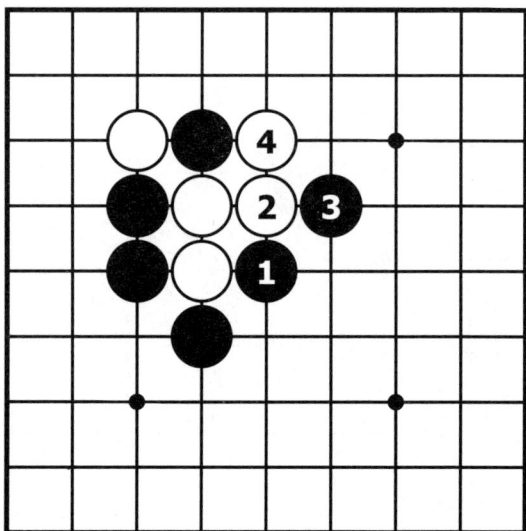

Q4 第4题

难度：★

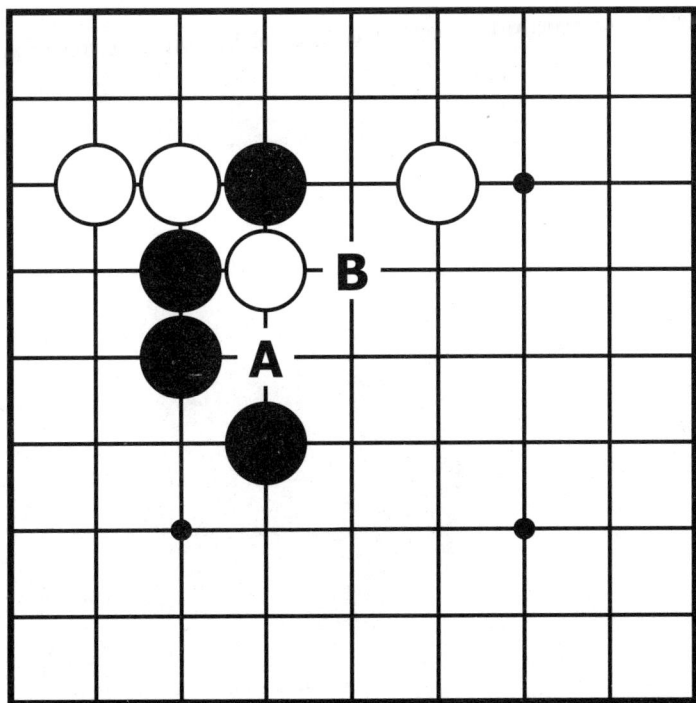

想一想，该在哪里打吃呢？在正确选项后面的括号中画「∨」。

提示：注意吃子的方向。

A（　　）　　B（　　）

正解

◯

黑1方向正确，
可吃掉白棋。

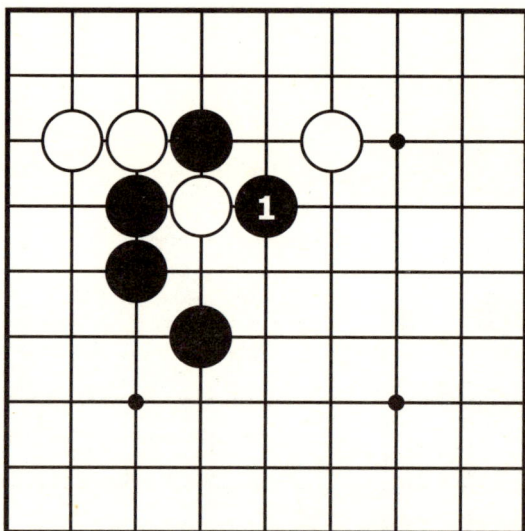

错解

✕

黑1方向错误，
白2跑出后，黑
棋无法吃白。

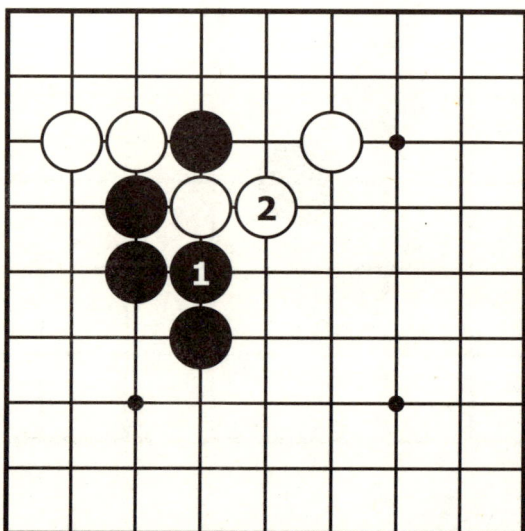

5 第 5 题

难度：★

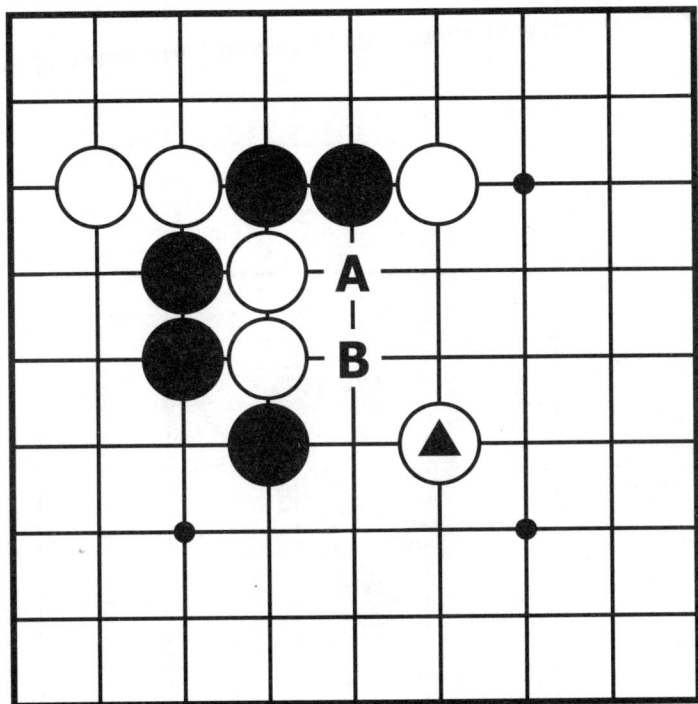

想一想，该在哪里打吃呢？在正确选项后面的括号中画「√」。

提示： 注意▲的影响。

A（　　）　　B（　　）

正解

黑 1 方向正确，
可吃掉白棋。

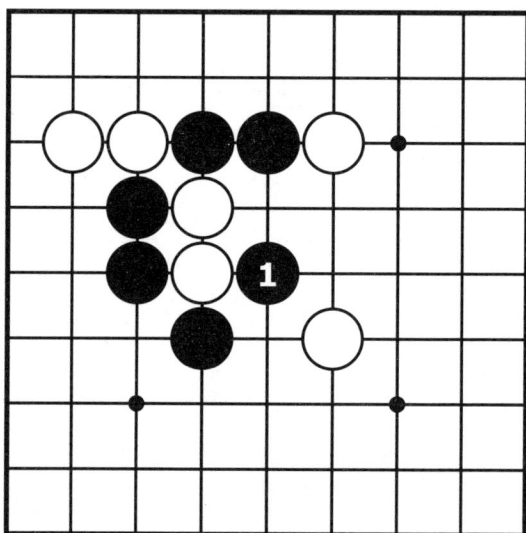

错解

黑 1 方向错误，
白 2 跑出后，由
于有接应，黑棋
无法吃白。

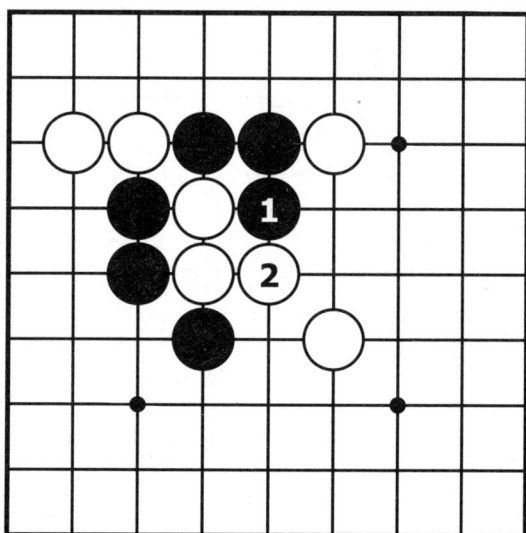

6 Q

第 6 题

难度：★★

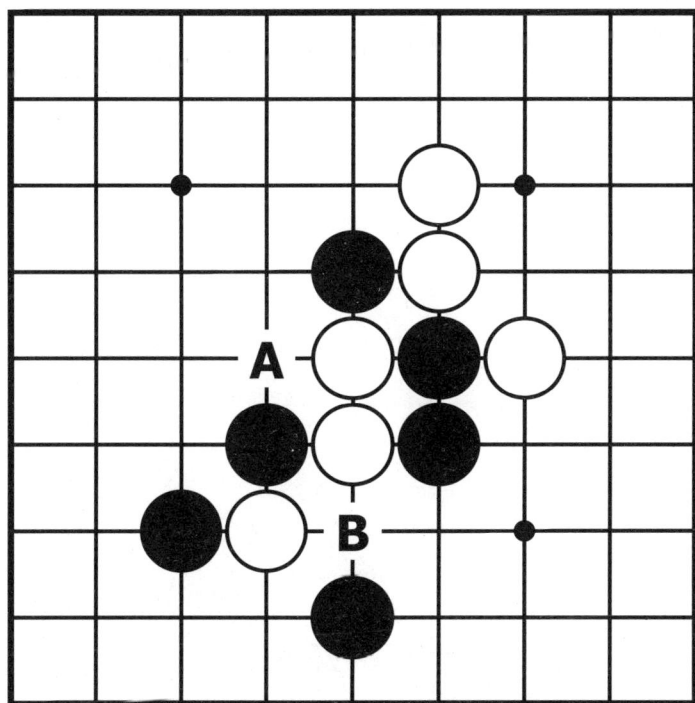

想一想，该在哪里打吃呢？在正确选项后面的括号中画「√」。

提示： 注意不要被"反打吃"。

A（　　） B（　　）

正解

○

黑1方向正确，
以下进程可吃掉
白棋。

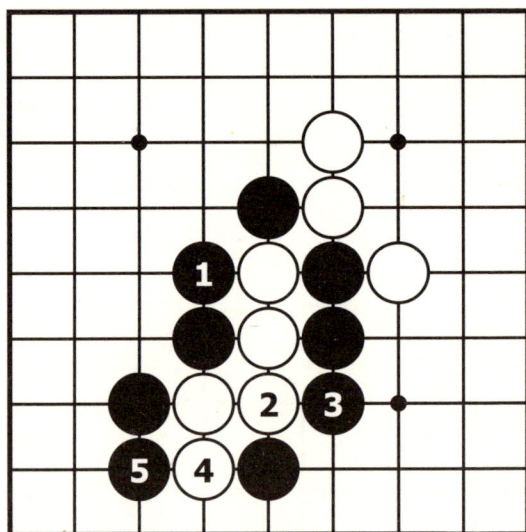

错解

✕

黑1方向错误，
白2跑出后，由
于有接应，黑棋
无法吃白。

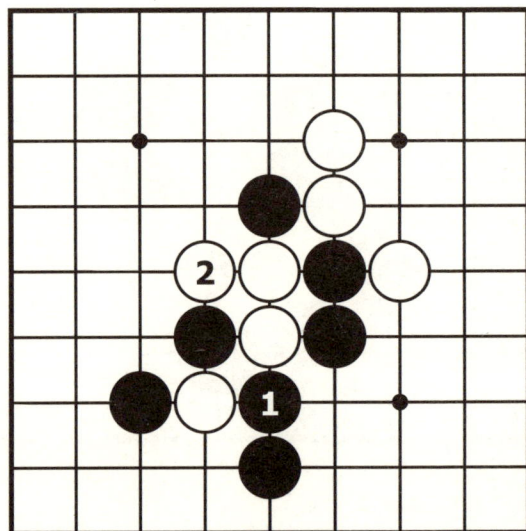

106

Q7 第 7 题

难度：★ ★

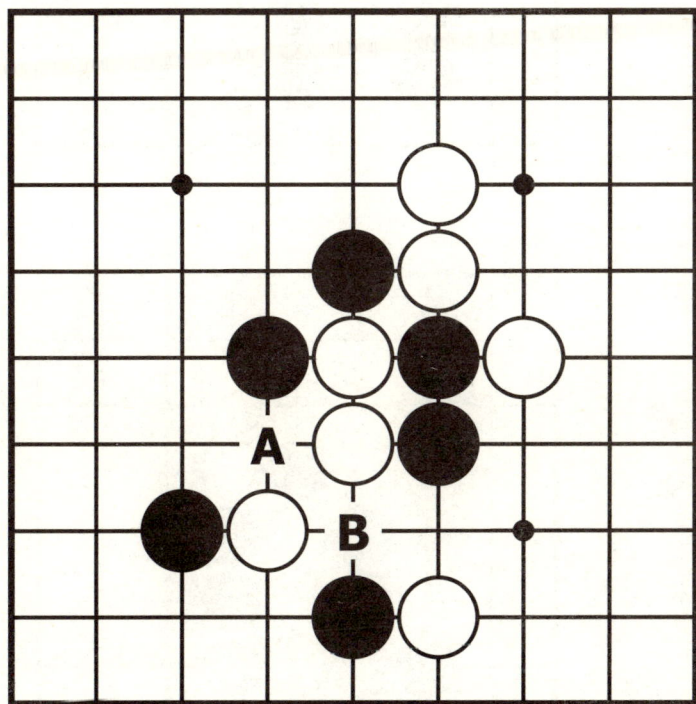

想一想，该在哪里打吃呢？在正确选项后面的括号中画「∨」。

提示： 注意不要被"反打吃"。

A（　　）　　B（　　）

正 解

〇

黑 1 方向正确，
以下进程可吃掉
白棋。

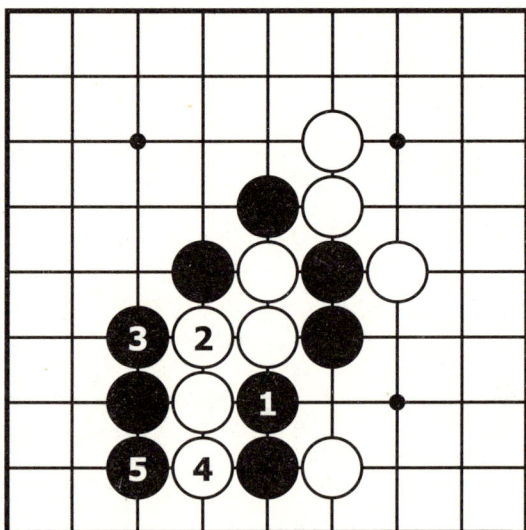

错 解

✕

黑 1 方向错误，
白 2 跑出后，由
于有接应，黑棋
无法吃白。

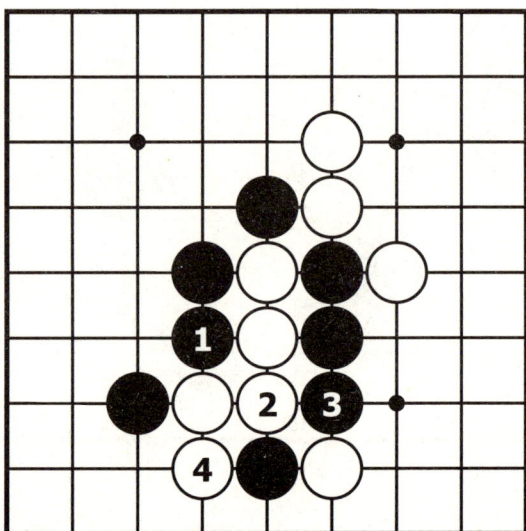

Q8 第 8 题

难度 : ★

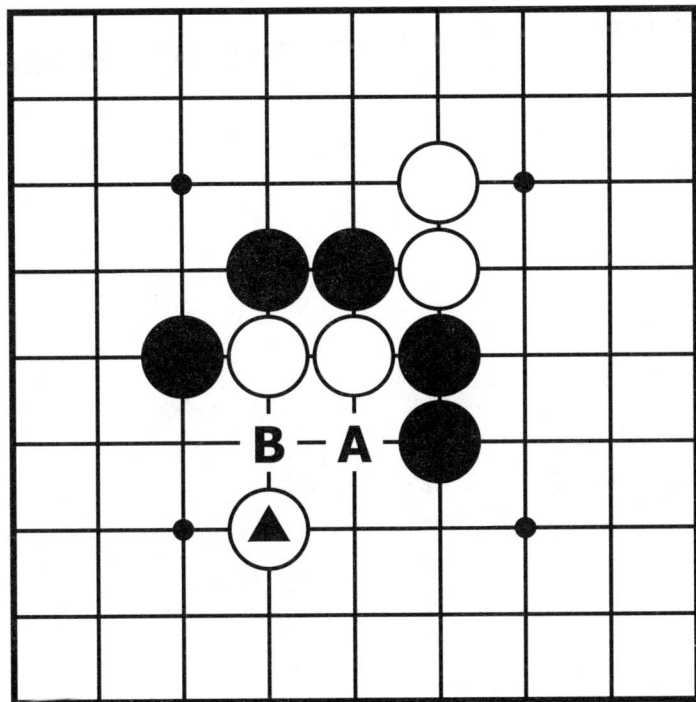

提示: 注意▲的影响。

A (　　)　　　B (　　)

正解

○

黑 1 方向正确，
以下进程可吃掉
白棋。

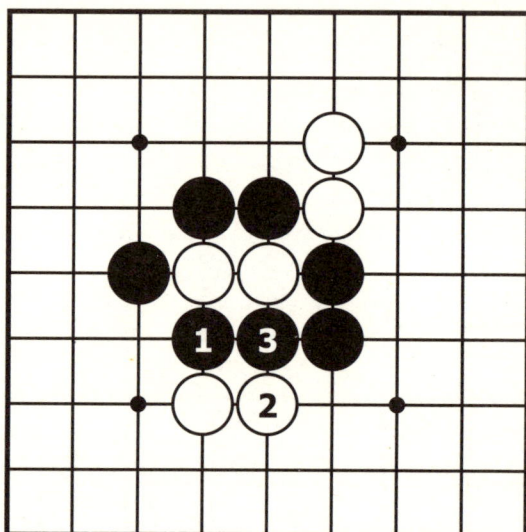

错解

✕

黑 1 方向错误，
白 2 跑出后，由
于有接应，黑棋
无法吃白。

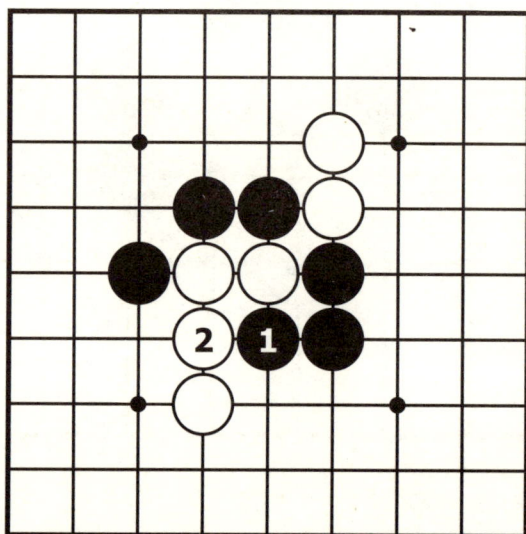

第 9 题

难度：★ ★

想一想，该在哪里打吃呢？在正确选项后面的括号中画「∨」。

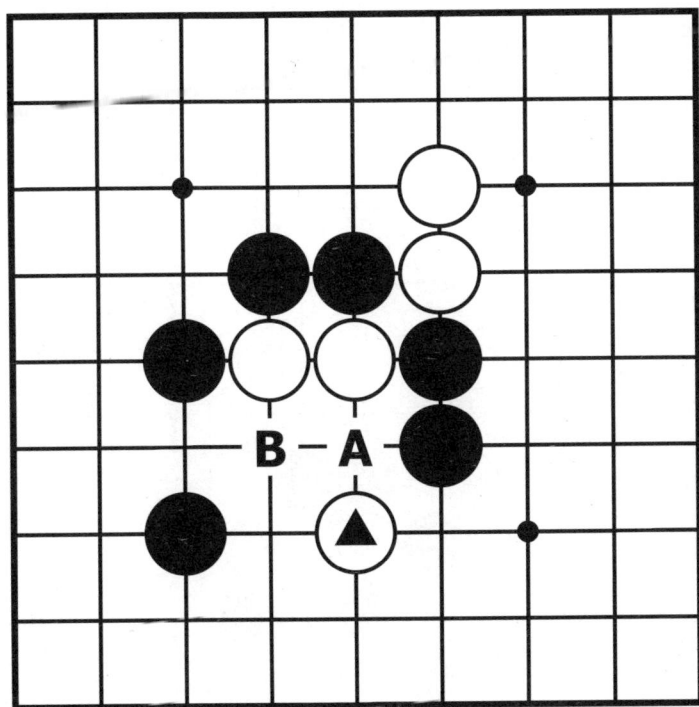

提示：注意▲的影响。

A（　　）　　B（　　）

正解 ○

黑 1 方向正确，
以下进程可吃掉
白棋。

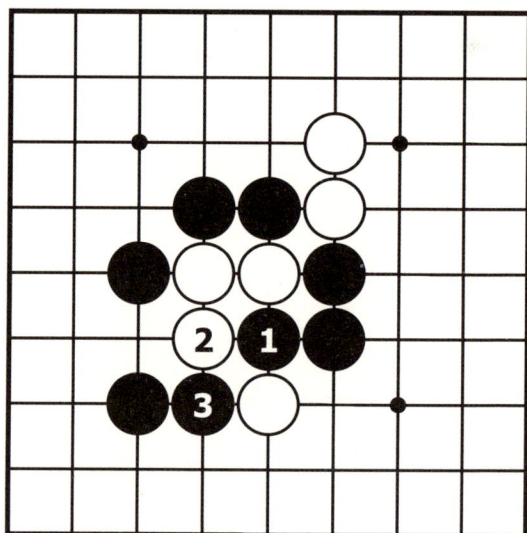

错解 ✕

黑 1 方向错误，
白 2 跑出后，由
于有接应，黑棋
无法吃白。

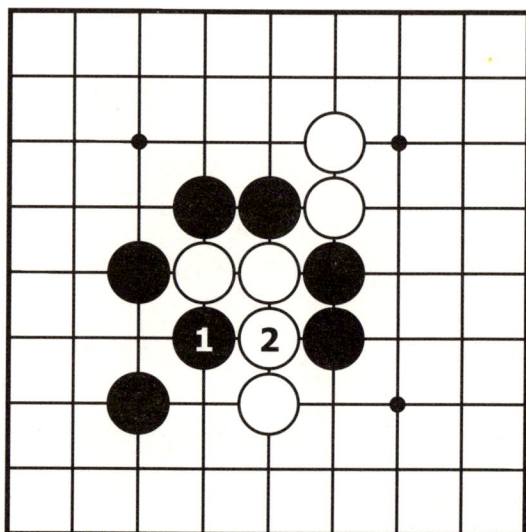

10 Q

第 10 题

难度：★

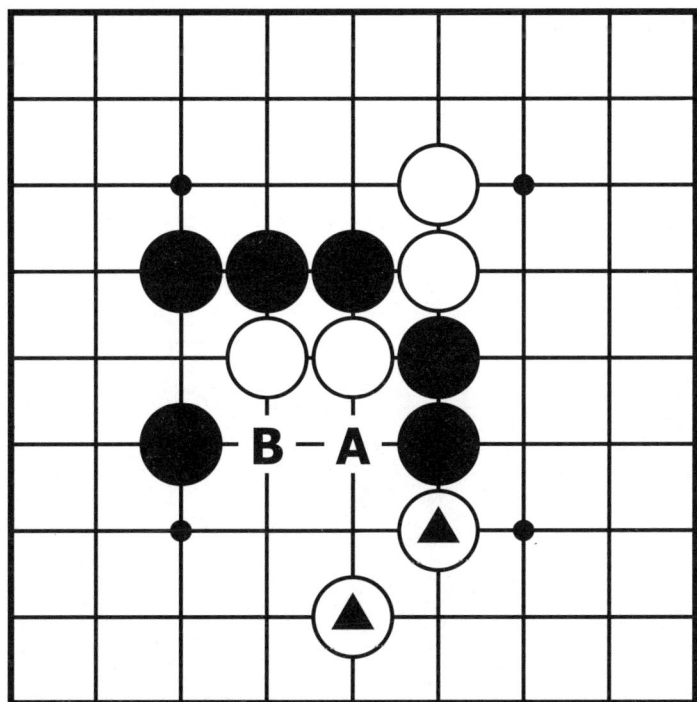

想一想，该在哪里打吃呢？在正确选项后面的括号中画「√」。

提示： 注意●的影响。

A（　　）　　B（　　）

正解

〇

黑 1 方向正确，
以下进程可吃掉
白棋。

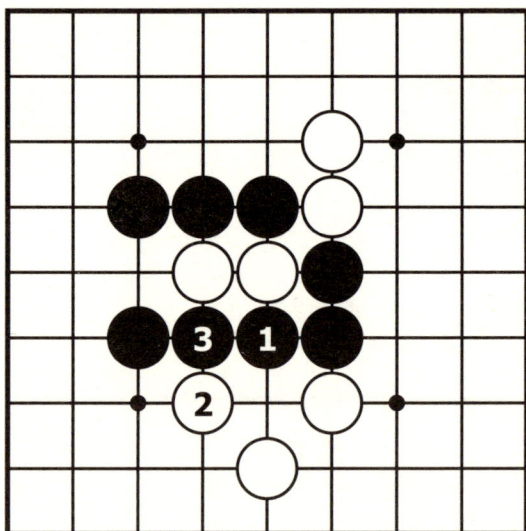

错解

✗

黑 1 方向错误，
白 2 跑出后，由
于有接应，黑棋
无法吃白。

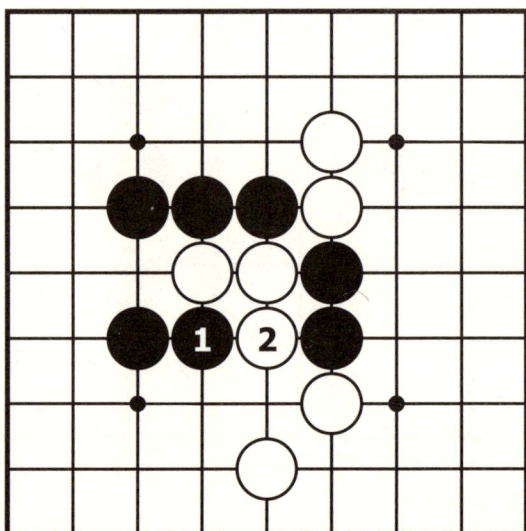

第 11 题

难度：★★

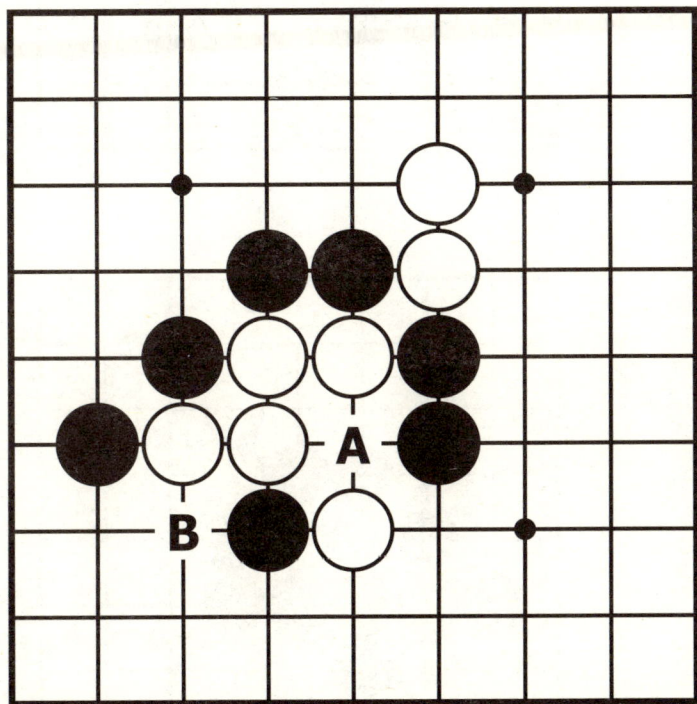

想一想，该在哪里打吃呢？在正确选项后面的括号中画「∨」。

提示： 注意不要被"反打吃"。

A（　　）　　B（　　）

正解

○

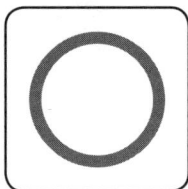

黑 1 方向正确，
以下进程可吃掉
白棋。

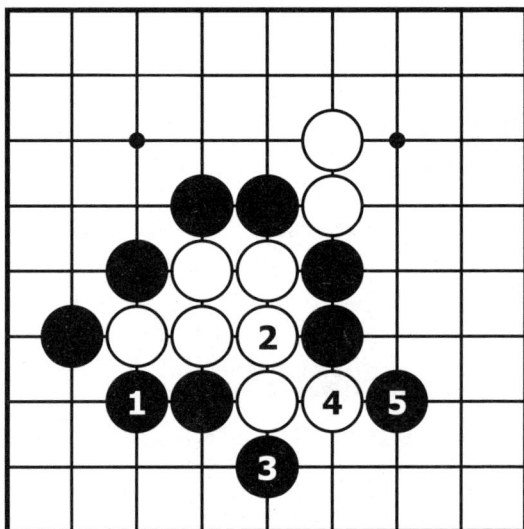

错解

✕

黑 1 方向错误，
白 2 跑出后，由
于有接应，黑棋
无法吃白。

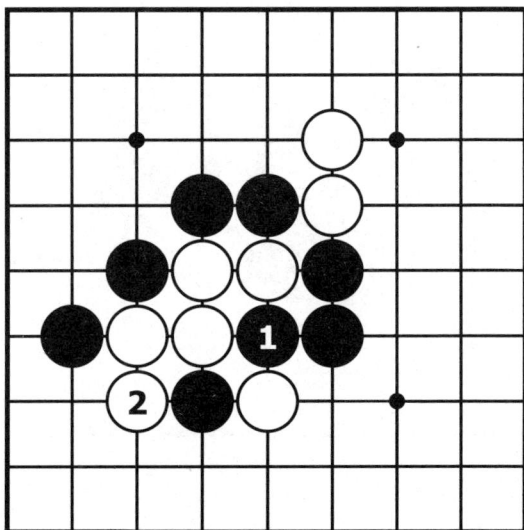

12 第 12 题

难度：★★

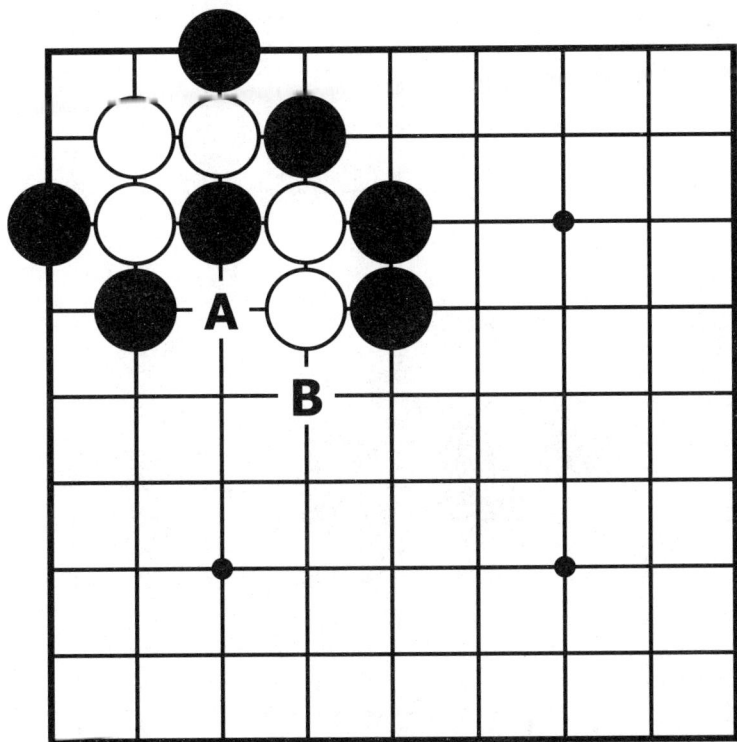

想一想，该在哪里打吃呢？在正确选项后面的括号中画「∨」。

提示：注意吃子的方向。

A（　　）　　B（　　）

正解

〇

黑 1 方向正确,
以下进程可吃掉
白棋。

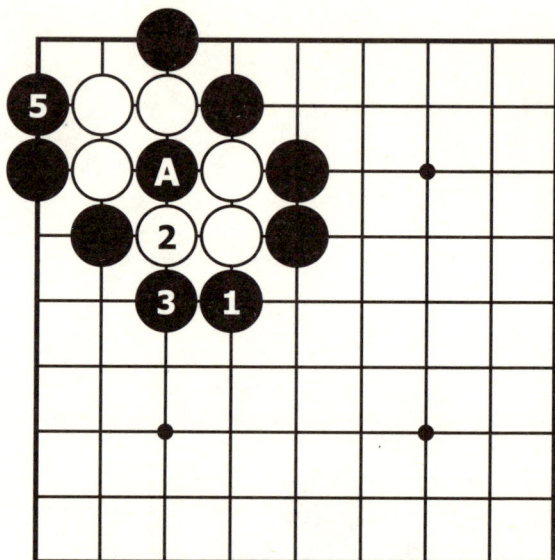

④ = Ⓐ

错解

✕

黑 1 方向错误,
白 2 跑出后,黑
棋无法吃白。

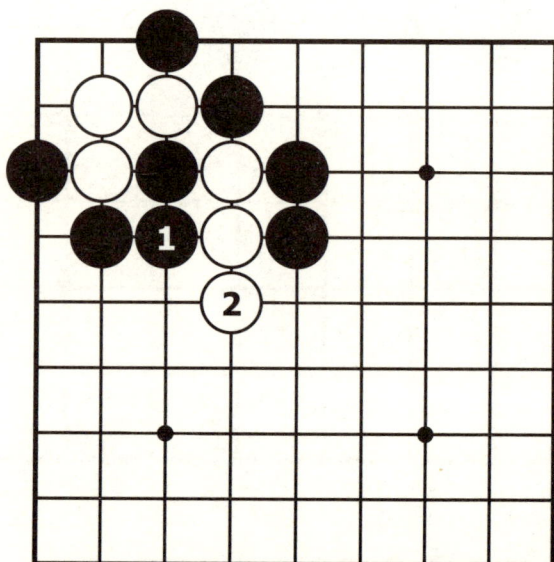

13

第 13 题

难度：★★

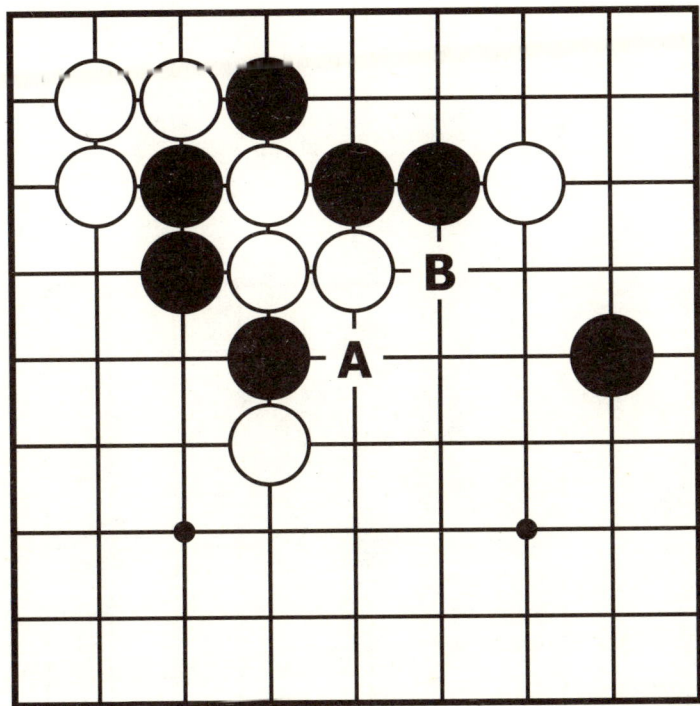

想一想，该在哪里打吃呢？在正确选项后面的括号中画"√"。

提示：注意不要被"反打吃"。

A（   ）   B（   ）

正解

⭕

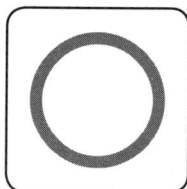

黑 1 方向正确，
以下进程可吃掉
白棋。

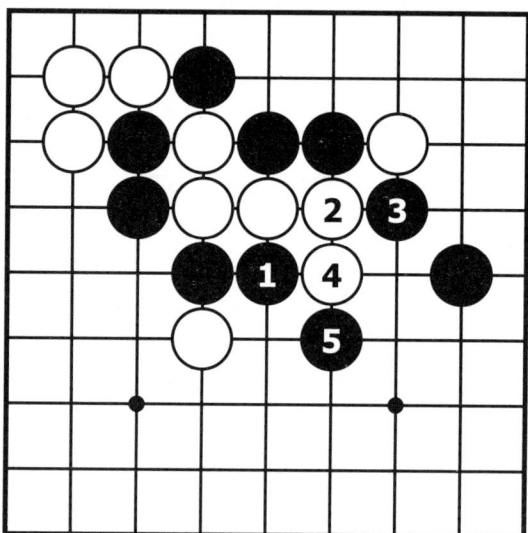

错解

❌

黑 1 方向错误，
白 2 跑出后，由
于有接应，黑棋
无法吃白。

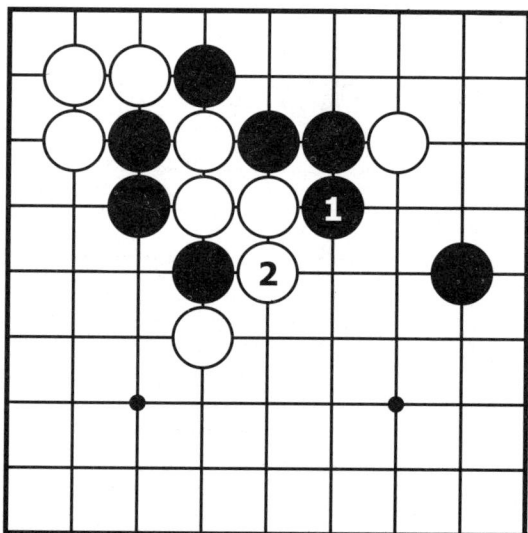

14

第 14 题

难度：★

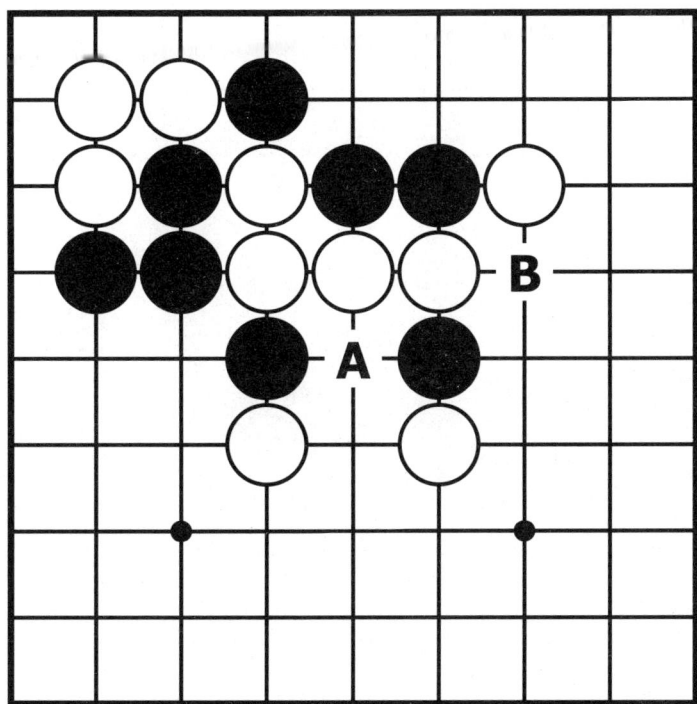

想一想，该在哪里打吃呢？在正确选项后面的括号中画「√」。

提示： 注意吃子的方向。

A（　　）　　B（　　）

正解

○

黑 1 方向正确，
以下进程可吃掉
白棋。

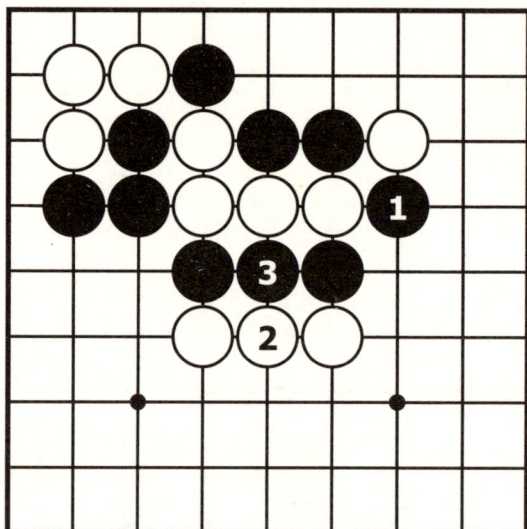

错解

✕

黑 1 方向错误，
白 2 跑出后，黑
棋无法吃白。

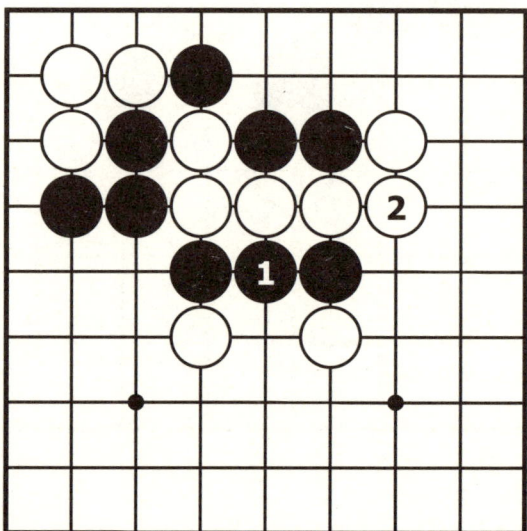

15 Q

第 15 题

难度：★ ★

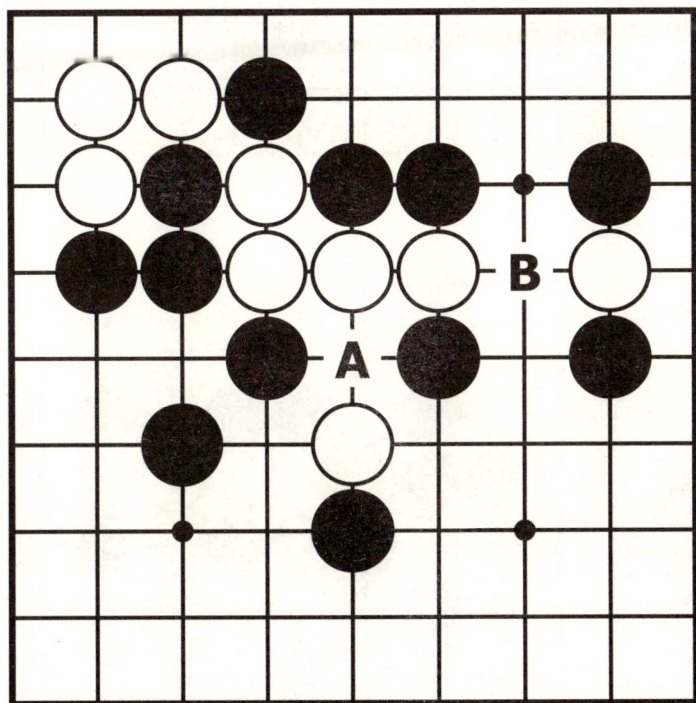

提示：注意吃子的方向。

A（　　）　　B（　　）

正解

◯

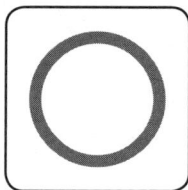

黑1方向正确，
以下进程可吃掉
白棋。

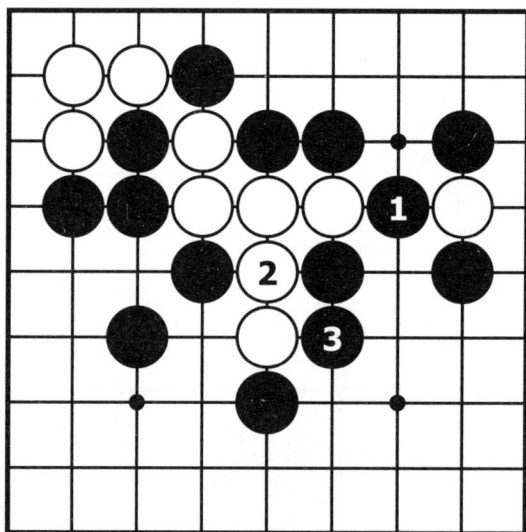

错解

✕

黑1方向错误，
白2跑出后，由
于有接应，黑棋
无法吃白。

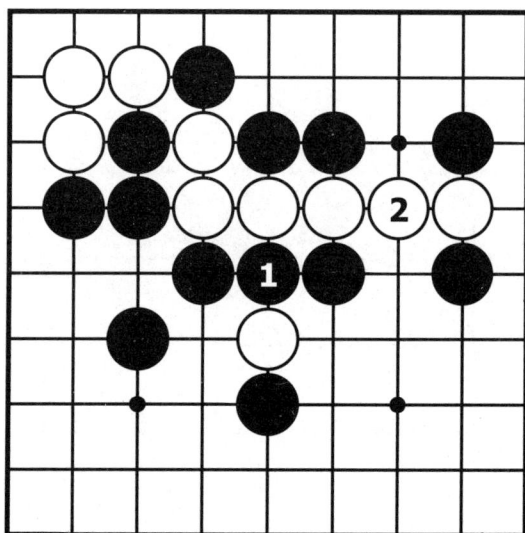

ⓠ 16　第 16 题

难度：★ ★

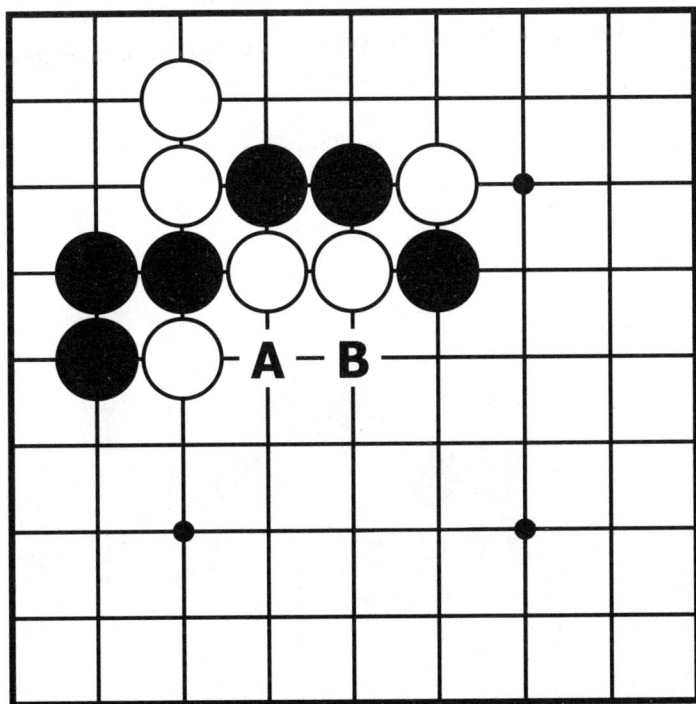

想一想，该在哪里打吃呢？在正确选项后面的括号中画「∨」。

提示： 注意不要被"反打吃"。

A （　　） 　　　B （　　　）

正解

黑 1 方向正确，
以下进程可吃掉
白棋。

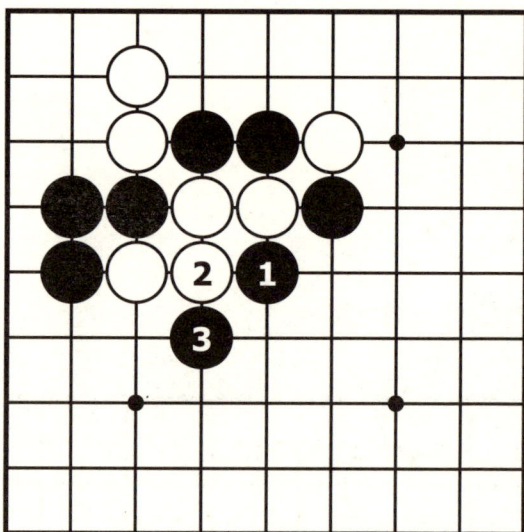

错解

黑 1 方向错误，
白 2 跑出后，由
于有接应，黑棋
无法吃白。

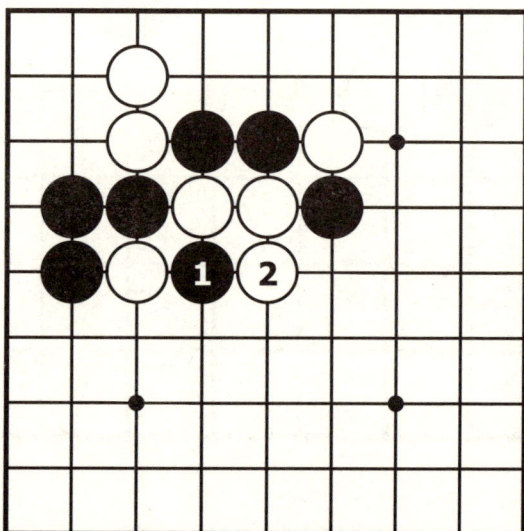

17

第 17 题

难度：★★★

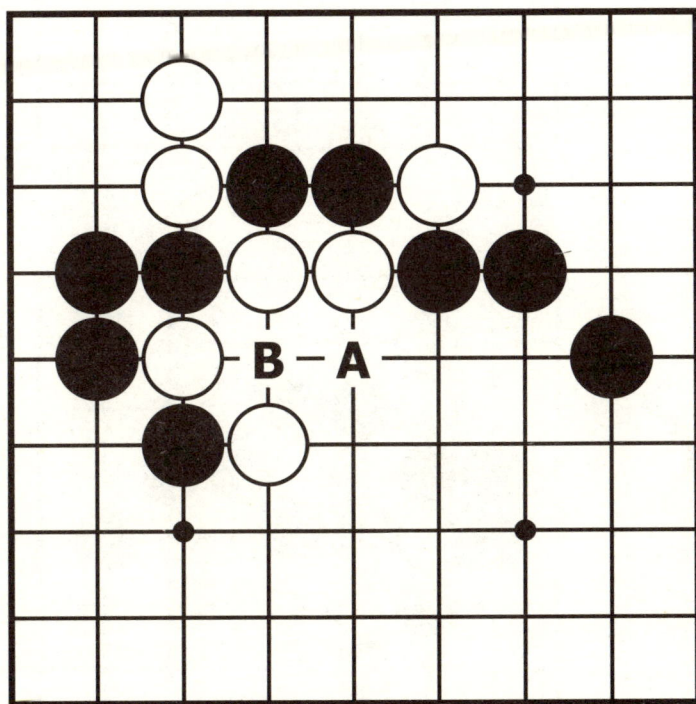

想一想，该在哪里打吃呢？在正确选项后面的括号中画「∨」。

提示：注意不要被"反打吃"。

A（　　）　　B（　　）

正解

◯

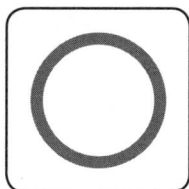

黑 1 方向正确，
以下进程可吃掉
白棋。

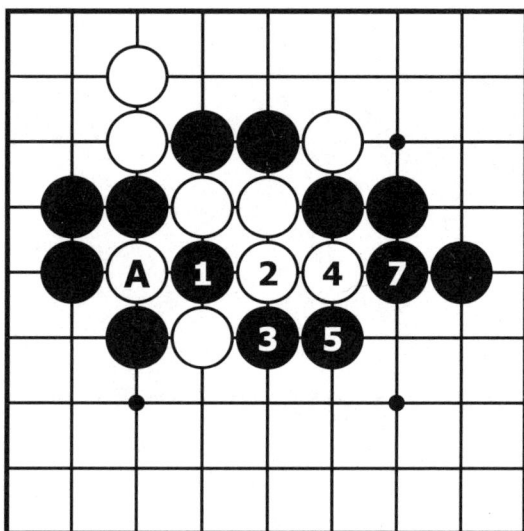

⑥ = Ⓐ

错解

✕

黑 1 方向错误，
白 2 跑出后，由
于有接应，黑棋
无法吃白。

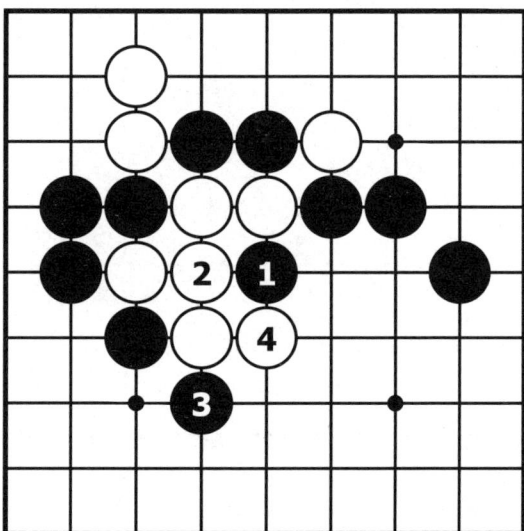

18

第 18 题

难度：★ ★

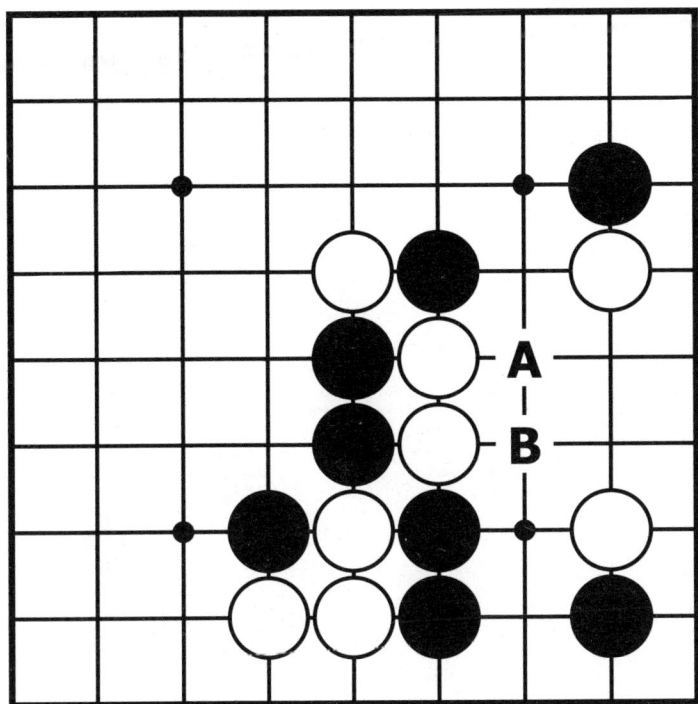

想一想，该在哪里打吃呢？在正确选项后面的括号中画「∨」。

提示：注意不要被"反打吃"。

A（　　）　　B（　　）

正解

○

黑 1 方向正确,
以下进程可吃掉
白棋。

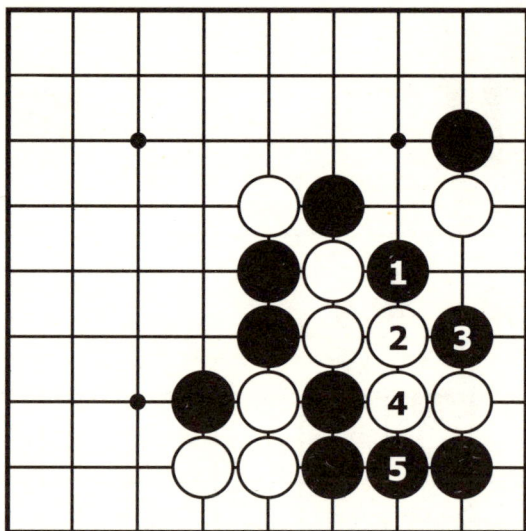

错解

✕

黑 1 方向错误,
白 2 跑出后, 由
于有接应, 黑棋
无法吃白。

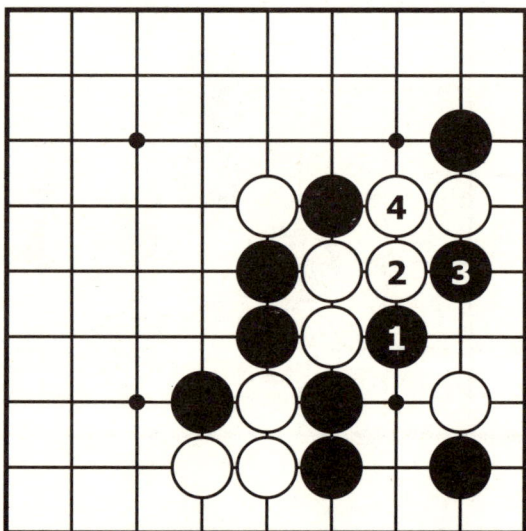

19 Q

第 19 题

难度：★★

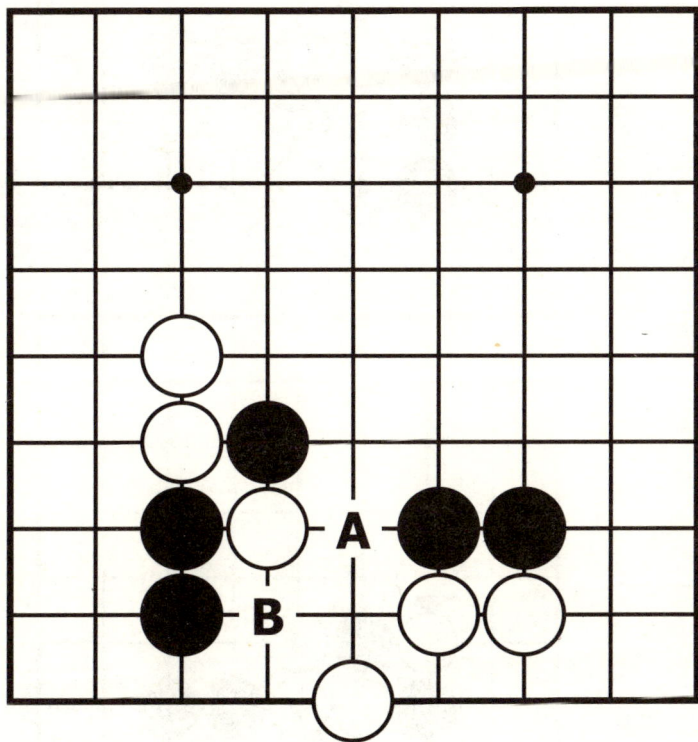

想一想，该在哪里打吃呢？在正确选项后面的括号中画"√"。

提示：注意不要被"反打吃"。

A（　　）　　B（　　）

正解

〇

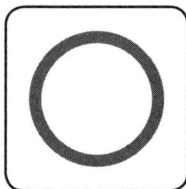

黑 1 方向正确，
以下进程可吃掉
白棋。

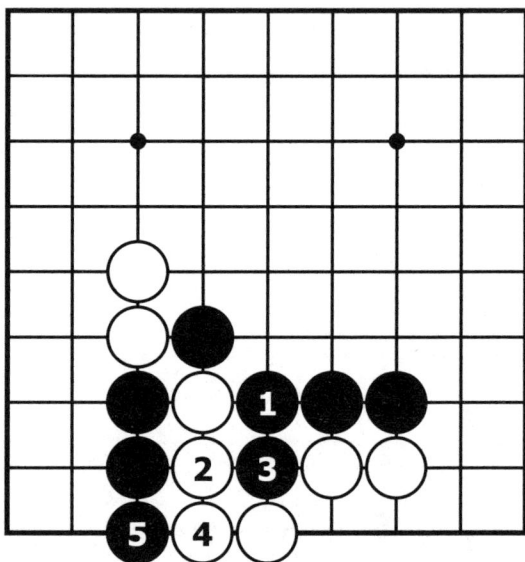

错解

✕

黑 1 方向错误，
白 2 跑出后，由
于有接应，黑棋
无法吃白。

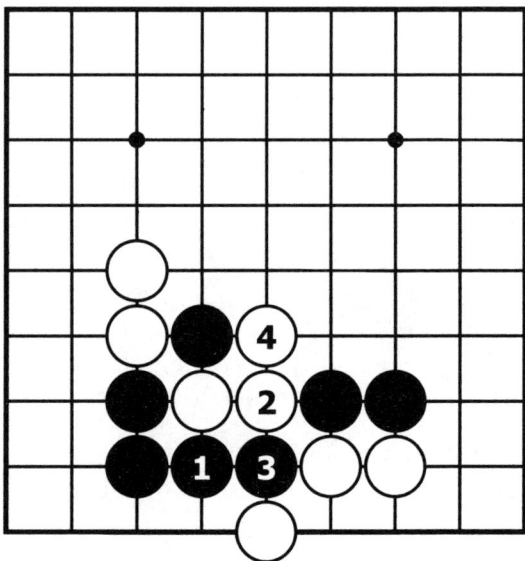

20

第 20 题

难度：★

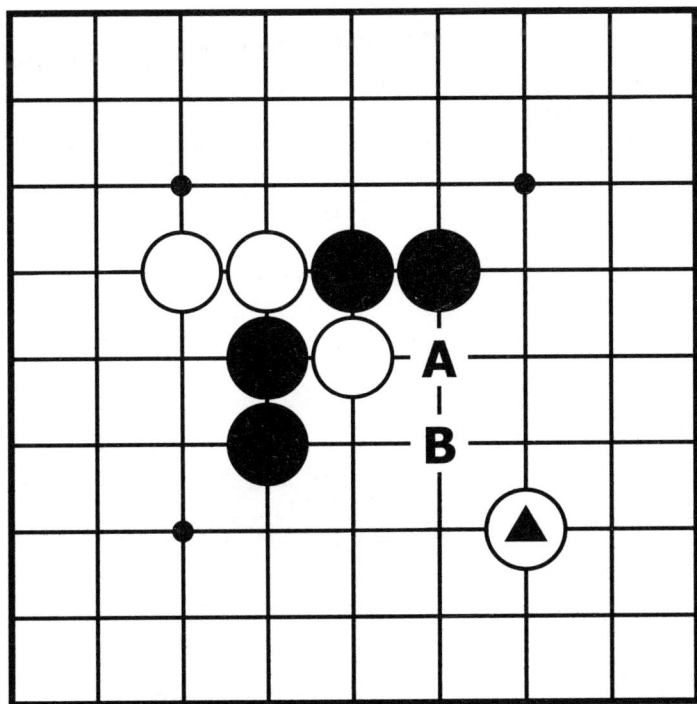

想一想，该在哪里打吃呢？在正确选项后面的括号中画「∨」。

提示： 注意▲的影响。

A（　　）　　B（　　）

正解

○

黑 1 方向正确，
以下进程可吃掉
白棋。

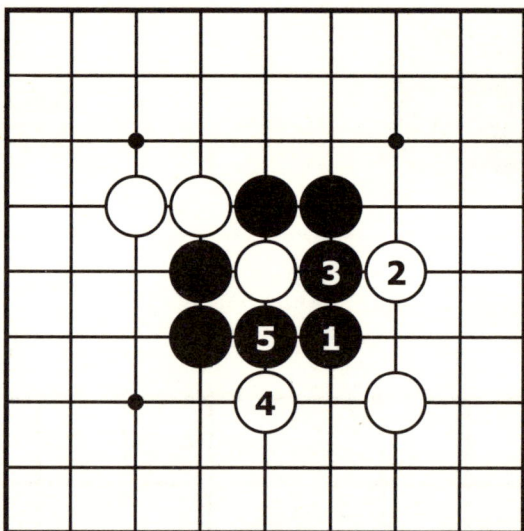

错解

✕

黑 1 方向错误，
白 2 跑出后，由
于有接应，黑棋
无法吃白。

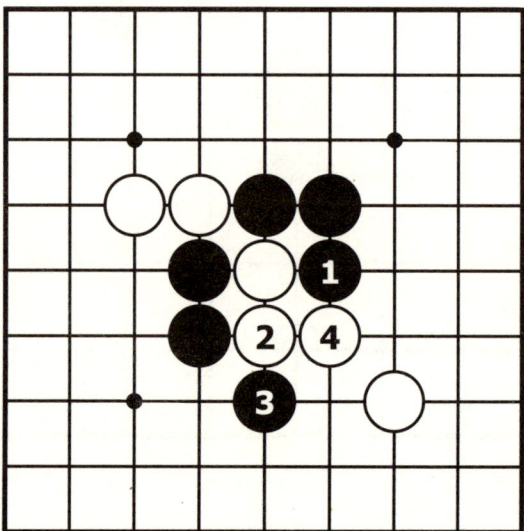

第 21 题

难度：★★

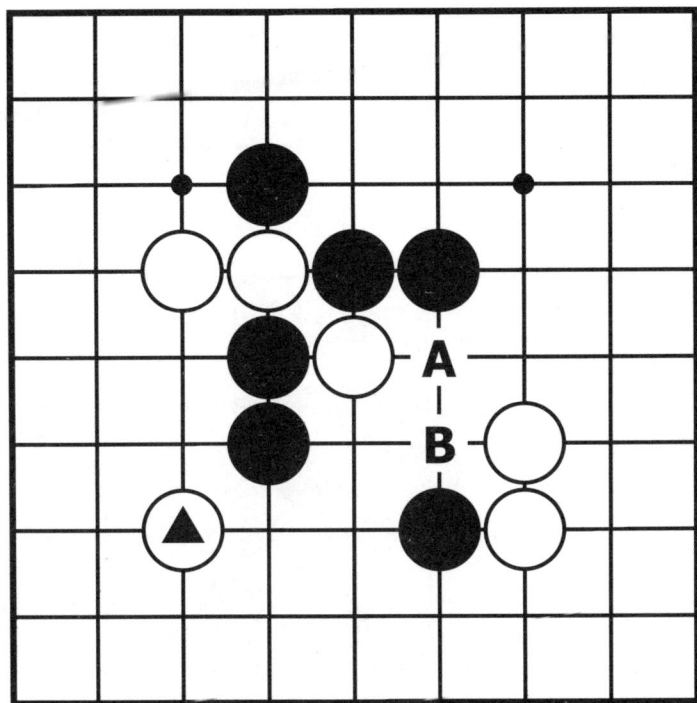

想一想，该在哪里打吃呢？在正确选项后面的括号中画「√」。

提示： 注意 ▲ 的影响。

A（　　）　　B（　　）

正解

黑 1 方向正确，以下进程可吃掉白棋。

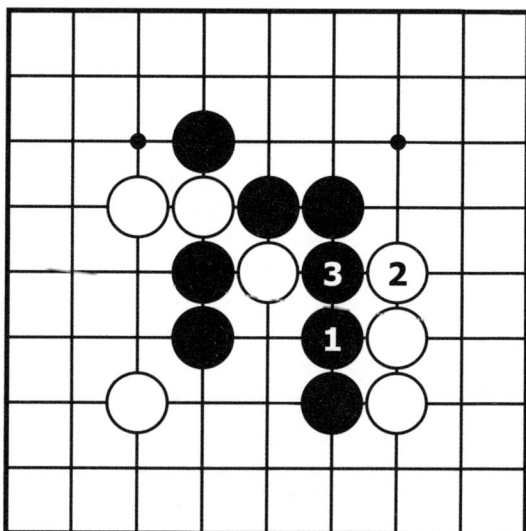

错解

黑 1 方向错误，白 2 跑出后，由于有接应，黑棋无法吃白。

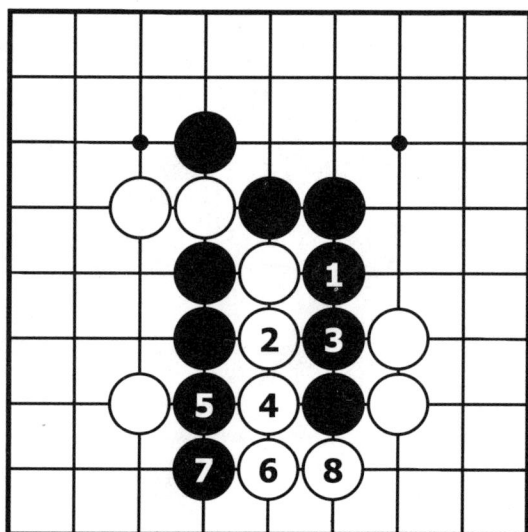

22

第 22 题

难度：★ ★

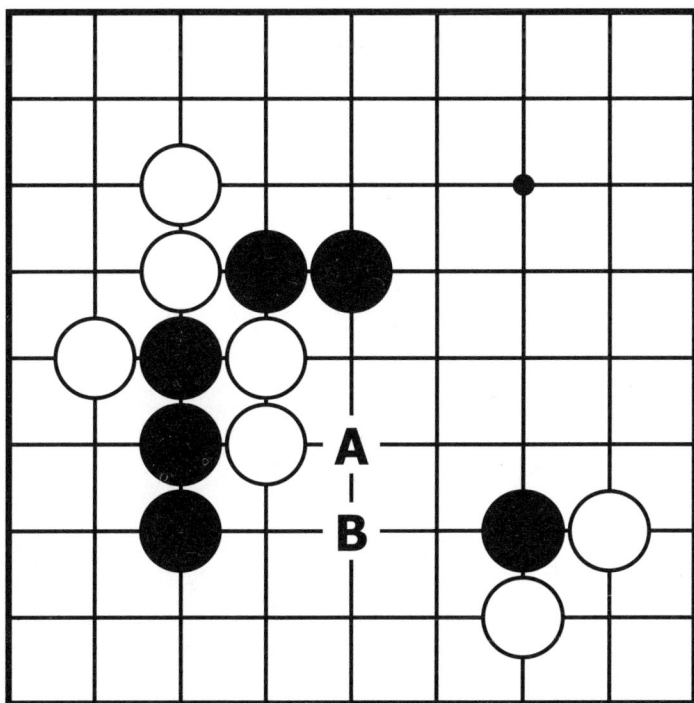

想一想，该在哪里打吃呢？在正确选项后面的括号中画「√」。

提示：注意自身棋子的气。

A（　　）　　B（　　）

正 解

◯

黑 1 方向正确，
以下进程可吃掉
白棋。

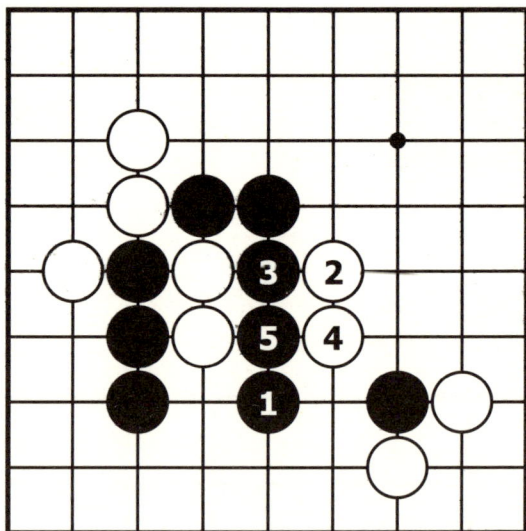

错 解

✕

黑 1 方向错误，
白 2 跑出后，由
于有接应，黑棋
无法吃白。

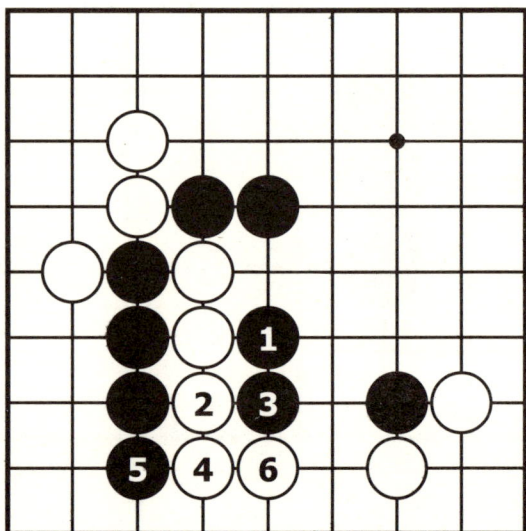

23

第 23 题

难度：★ ★

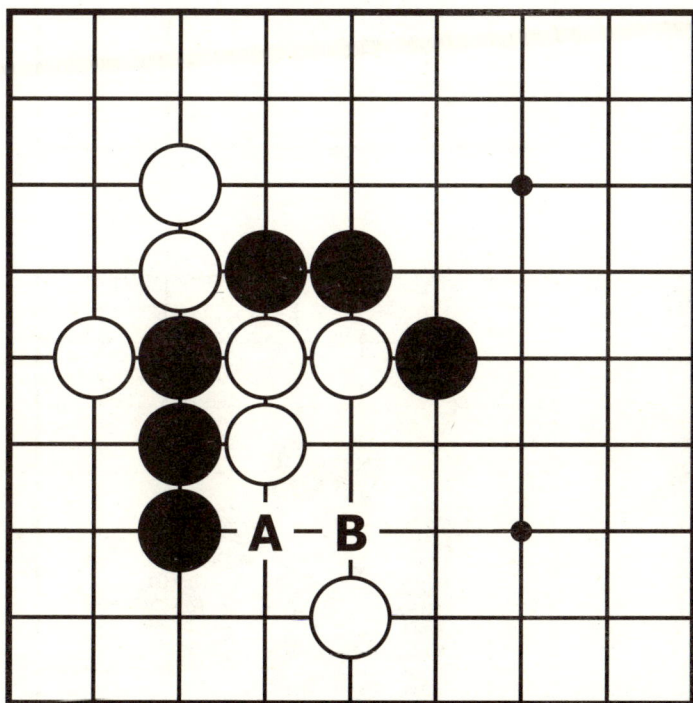

想一想，该在哪里打吃呢？在正确选项后面的括号中画「∨」。

提示： 注意不要被"反打吃"。

A （　　） 　　 B （　　）

正解

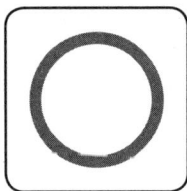

黑 1 方向正确，
以下进程可吃掉
白棋。

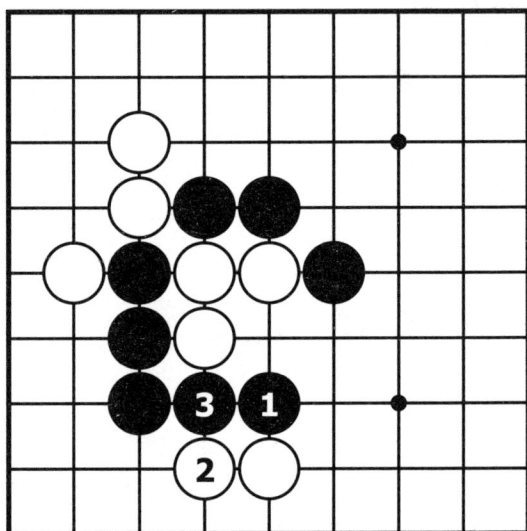

错解

黑 1 方向错误，
白 2 跑出后，由
于有接应，黑棋
无法吃白。

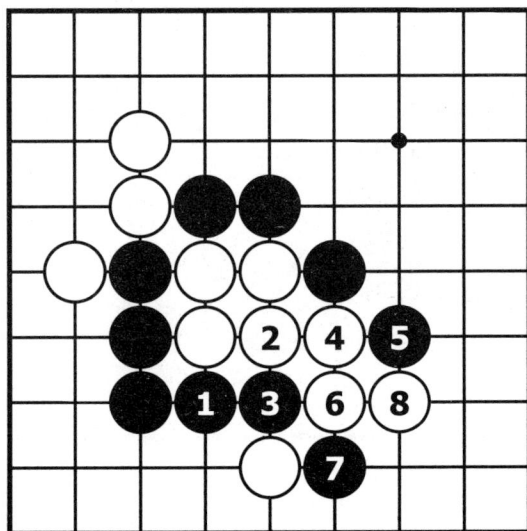

24 Q

第 24 题

难度：★★

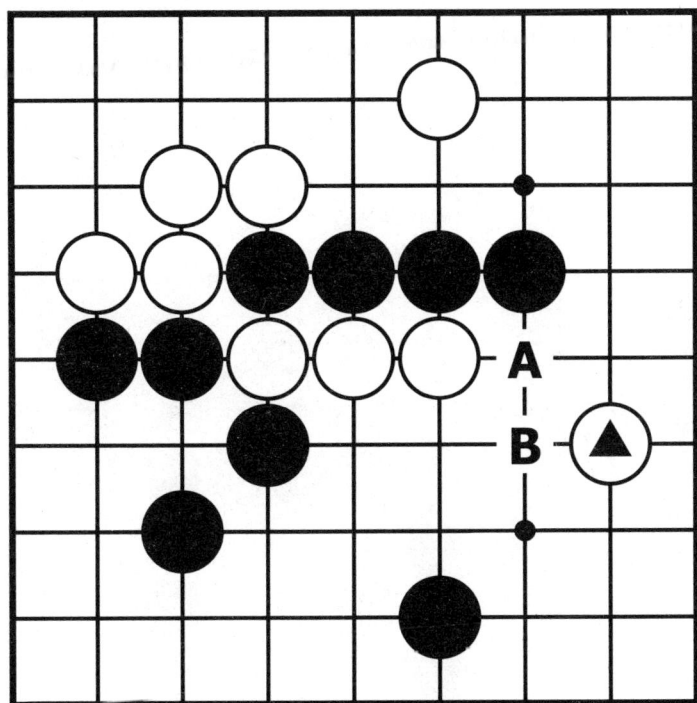

想一想，该在哪里打吃呢？在正确选项后面的括号中画「∨」。

提示： 注意 ▲ 的影响。

A（　　）　　B（　　）

正解

黑 1 方向正确，
以下进程可吃掉
白棋。

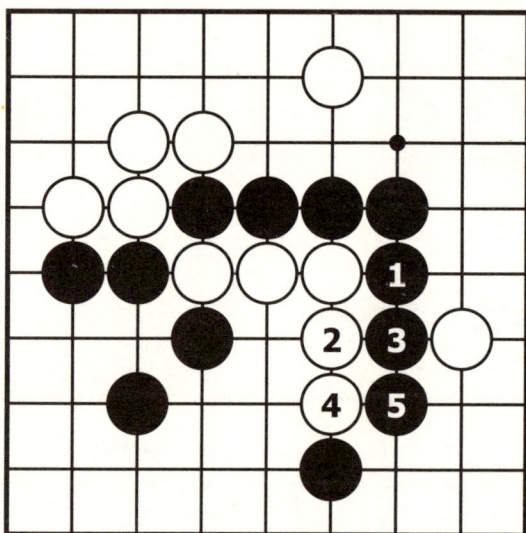

错解

黑 1 方向错误，
白 2 跑出后，由
于有接应，黑棋
无法吃白。

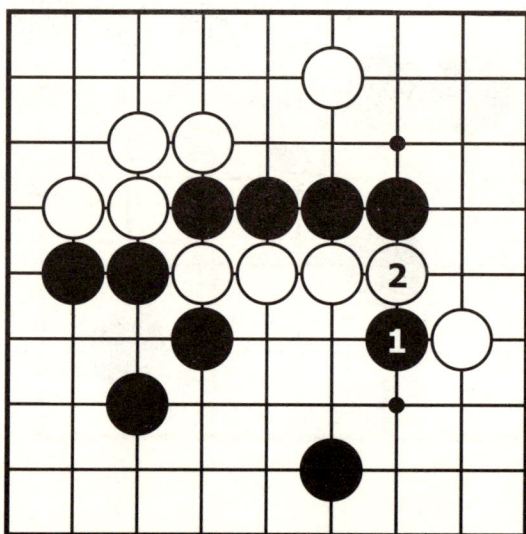

25

第25题

难度 : ★ ★

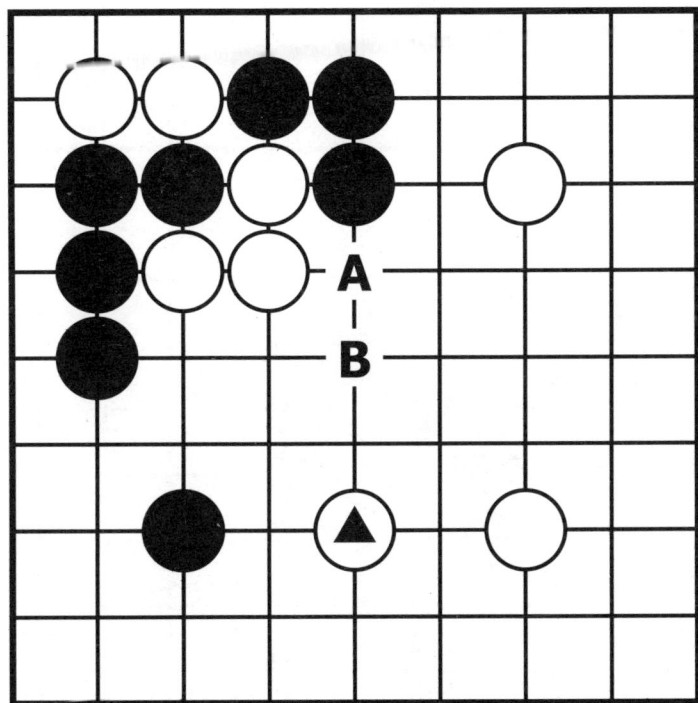

想一想，该在哪里打吃呢？在正确选项后面的括号中画「√」。

提示：注意▲的影响。

A（　　） 　　B（　　）

正解

◯

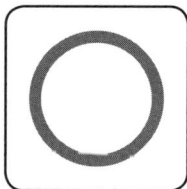

黑 1 方向正确，
以下进程可吃掉
白棋。

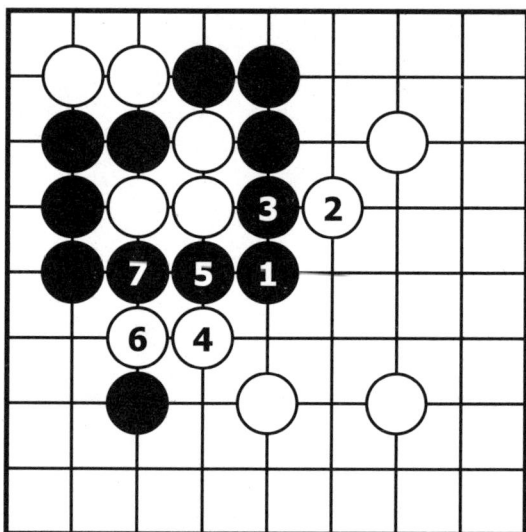

错解

✕

黑 1 方向错误，
白 2 跑出后，由
于有接应，黑棋
无法吃白。

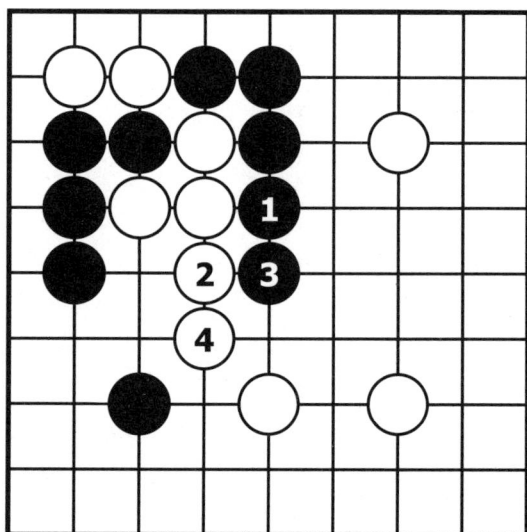

26

第 26 题

难度：★ ★ ★

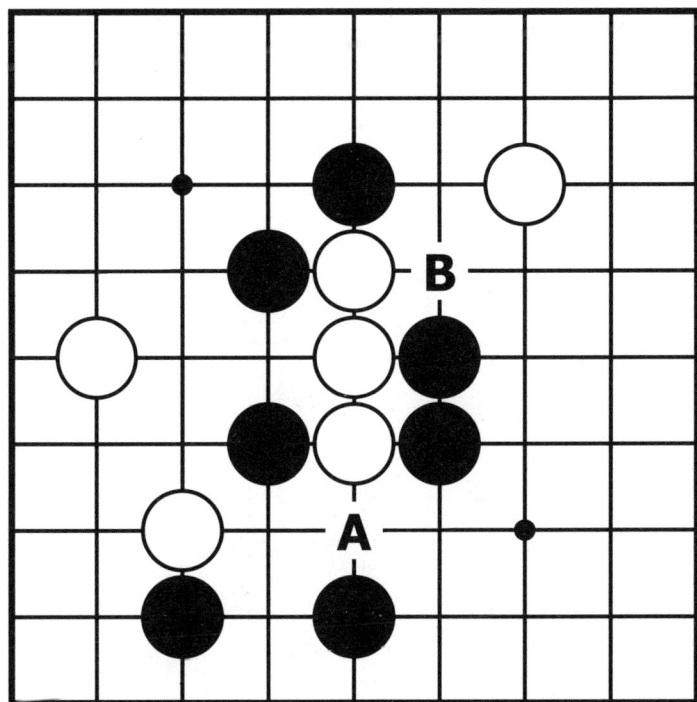

想一想，该在哪里打吃呢？在正确选项后面的括号中画「∨」。

A（　　） 　　 B（　　）

正解

○

黑 1 方向正确，
以下进程可吃掉
白棋。

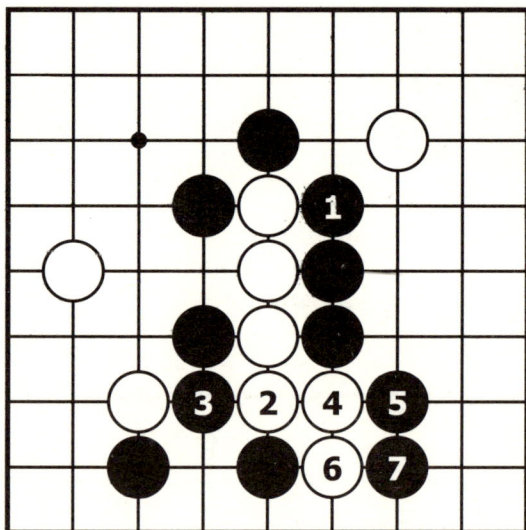

错解

✗

黑 1 方向错误，
白 2 跑出后，由
于有接应，黑棋
无法吃白。

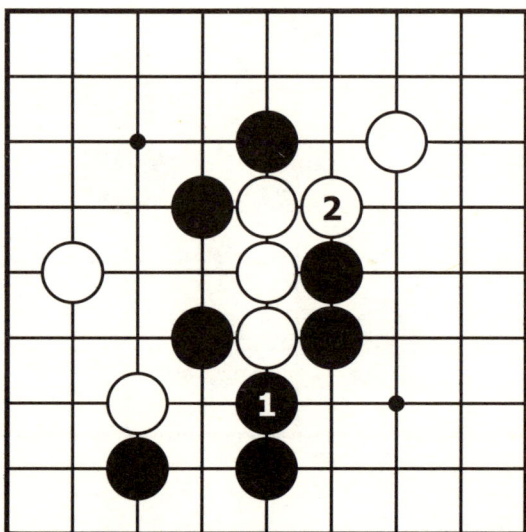

27 第 27 题

难度：★ ★ ★

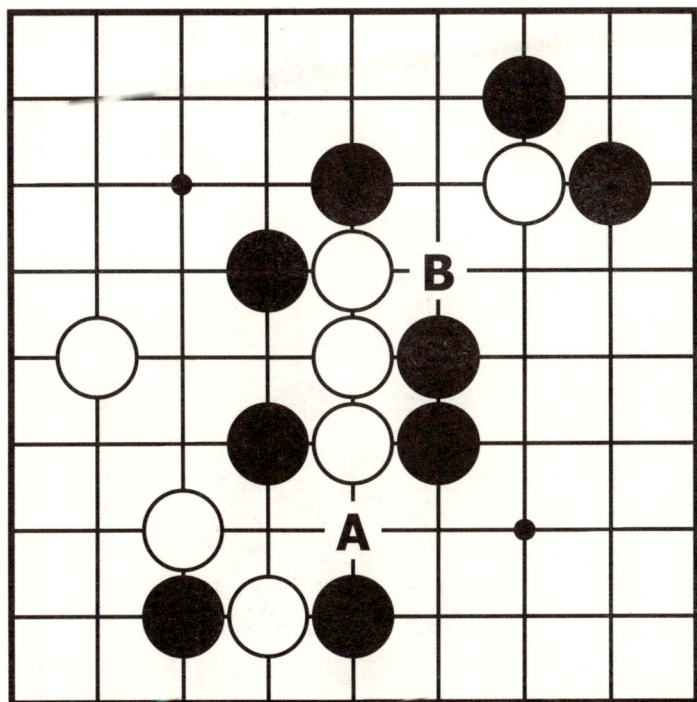

想一想，该在哪里打吃呢？在正确选项后面的括号中画「∨」。

A（　　） B（　　）

正解

〇

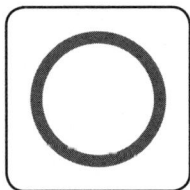

黑 1 方向正确，
以下进程可吃掉
白棋。

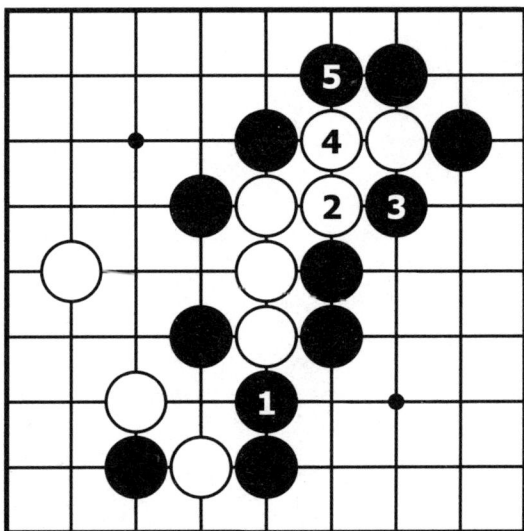

错解

✕

黑 1 方向错误，
白 2 跑出后，由
于有接应，黑棋
无法吃白。

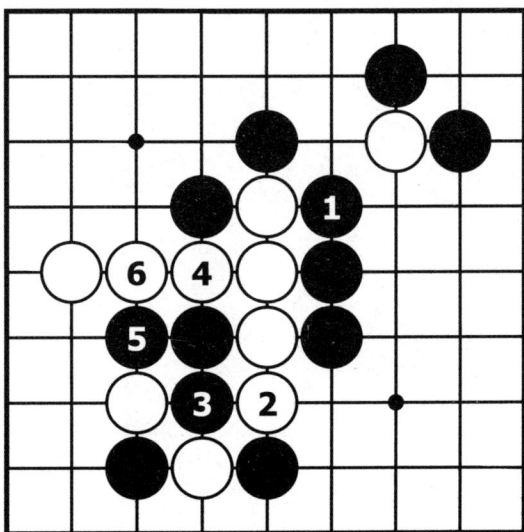

28

第 28 题

难度：★★

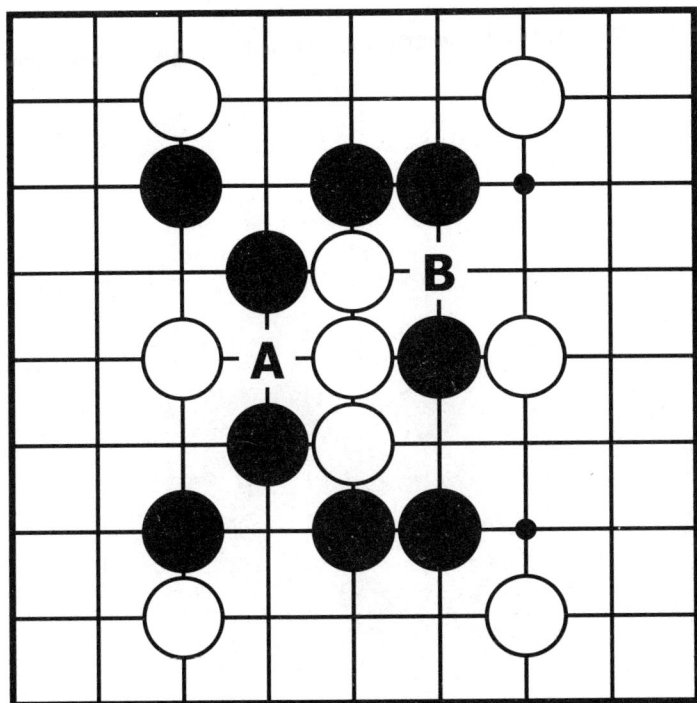

想一想，该在哪里打吃呢？在正确选项后面的括号中画「√」。

A（　　） 　　B（　　　）

正 解

〇

黑 1 方向正确，
以下进程可吃掉
白棋。

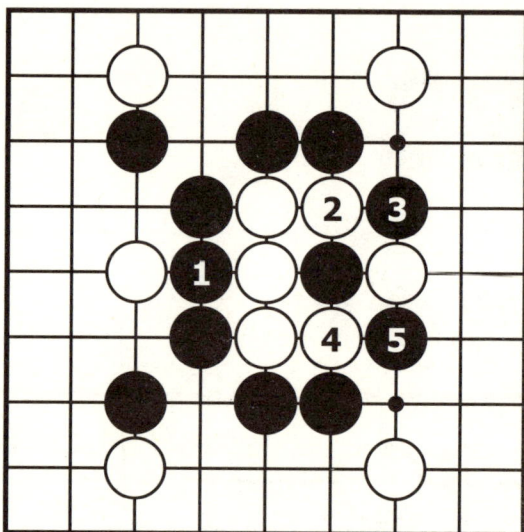

错 解

✕

黑 1 方向错误，
白 2 跑出后，由
于有接应，黑棋
无法吃白。

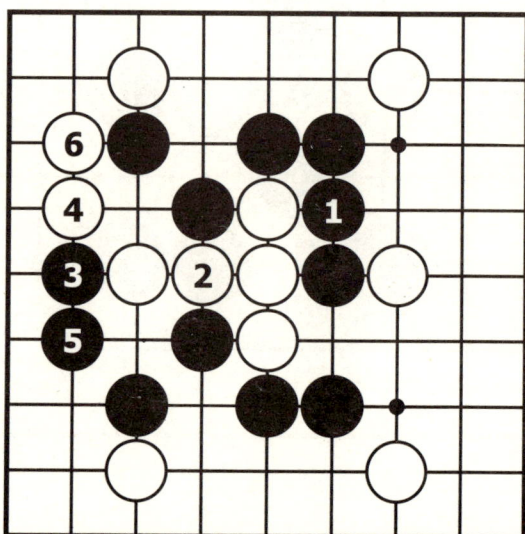

150

29 Q

第 29 题

难度：★ ★

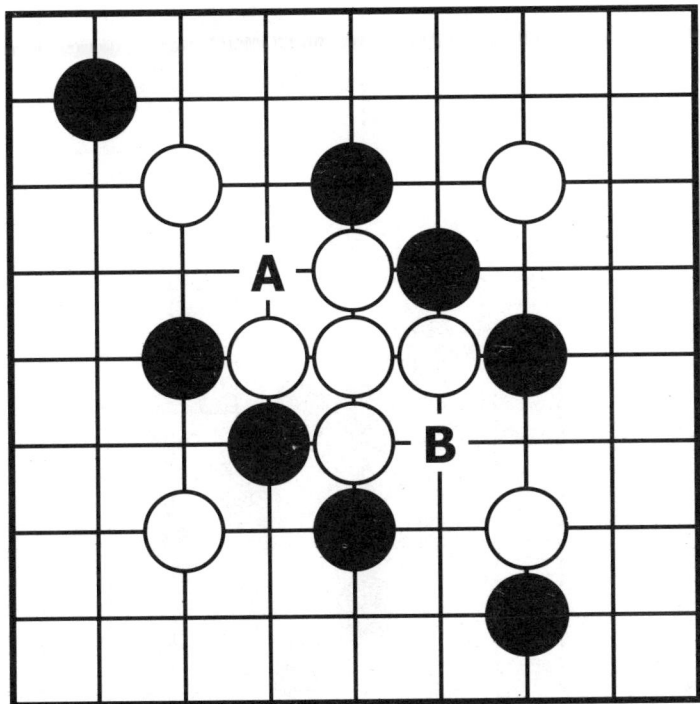

想一想，该在哪里打吃呢？在正确选项后面的括号中画「∨」。

A（　　　）　　B（　　　）

正解

◯

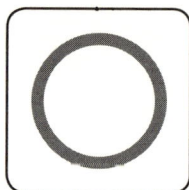

黑 1 方向正确，
以下进程可吃掉
白棋。

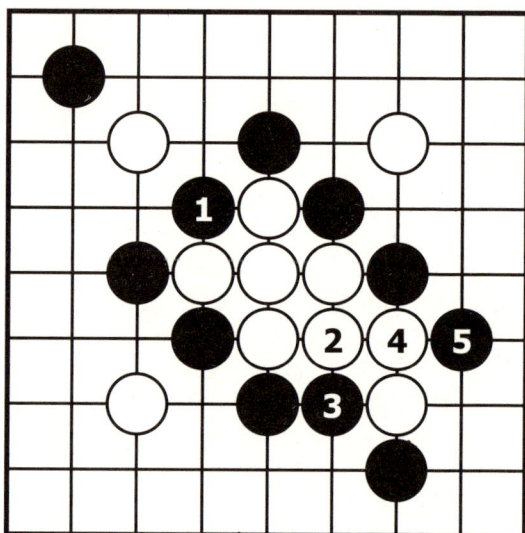

错解

✕

黑 1 方向错误，
白 2 跑出后，黑
棋无法收紧白棋
的气，无法吃白。

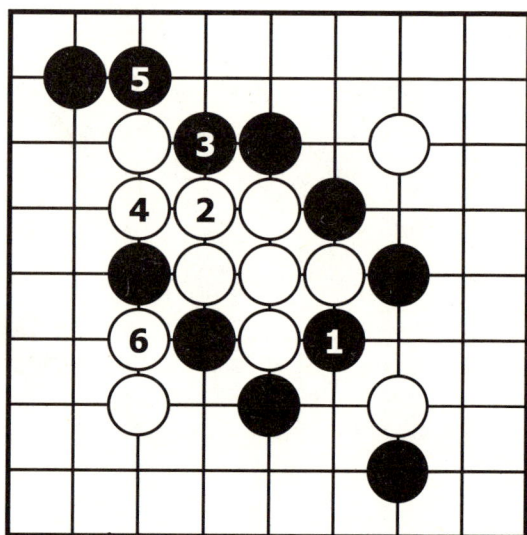

30

第 30 题

难度：★ ★ ★

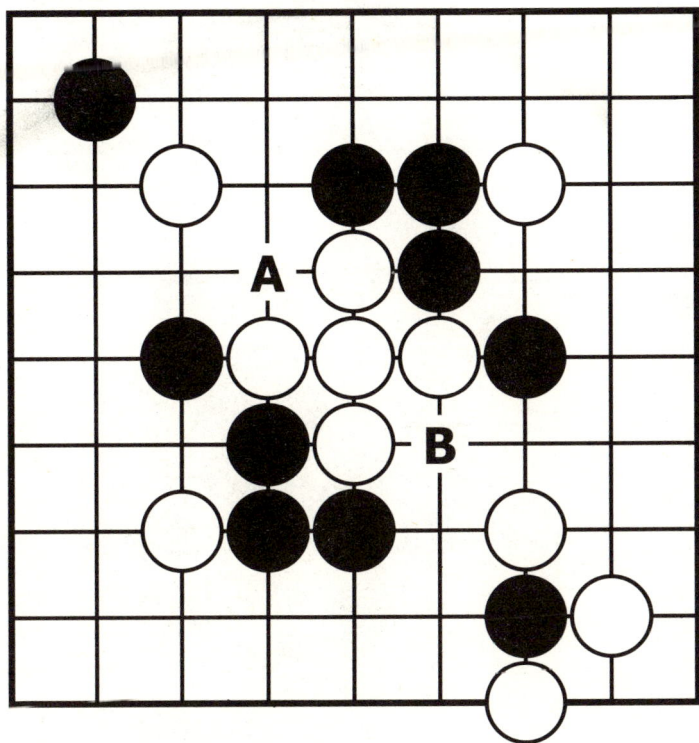

想一想，该在哪里打吃呢？在正确选项后面的括号中画「√」。

A（　　）　　B（　　）

正解

〇

黑 1 方向正确，
以下进程可吃掉
白棋。

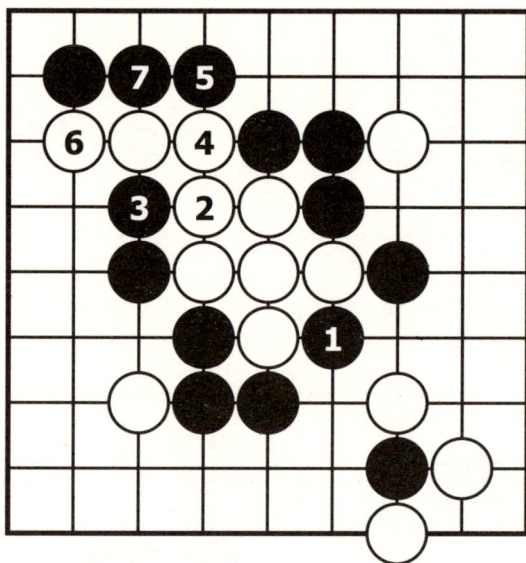

错解

✕

黑 1 方向错误，
白 2 跑出后，由
于有接应，黑棋
无法吃白。

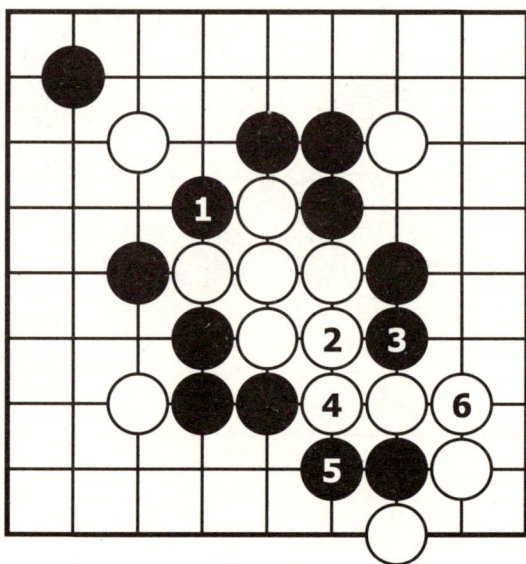

第4章 技术

吃子技巧

在掌握了吃子方向的策略之后，进入最后环节——学习吃子技巧。本章主要是对计算方面进行训练，题目难度较之前略有提高，涉及的知识点相对较多，需要初学者仔细验算。无所不用，吃掉对方就是胜利！学习完本章后，吃子部分的学习就全部结束了。

小贴士 将欲取之，必先予之。本章的有些题目需要应用到围棋中的"弃子战术"，即先送棋子给对手，最终再将对方整体歼灭。另外，本章还会涉及一些对杀收气的问题。行棋的顺序很重要！

Q1 第 1 题

难度：★

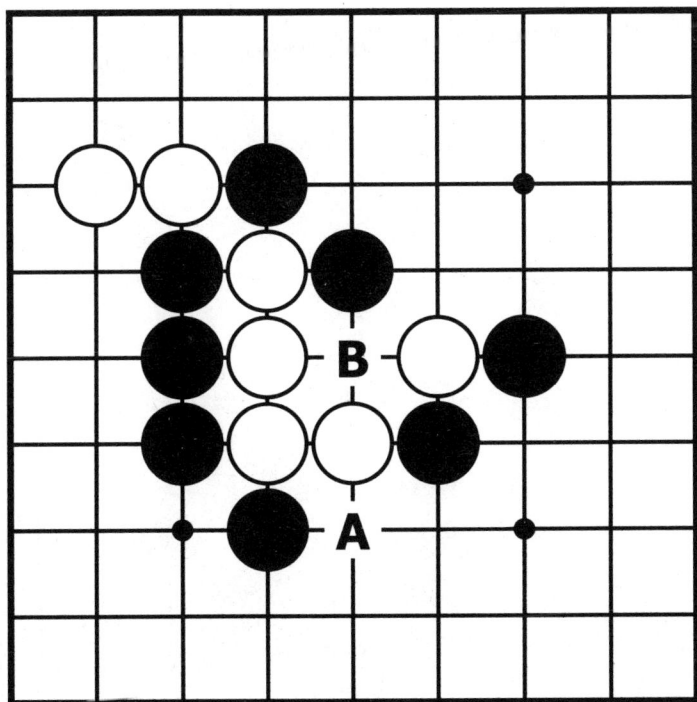

想一想，应该怎样吃掉白棋呢？在正确选项后面的括号中画「√」。

A（　　）　　B（　　）

正解

黑1正确,以下进程可以吃掉白棋。

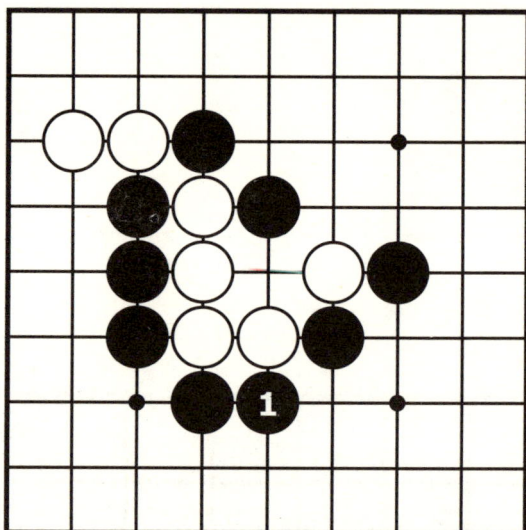

错解

黑1选择错误。如此将形成"反打吃",黑失败。

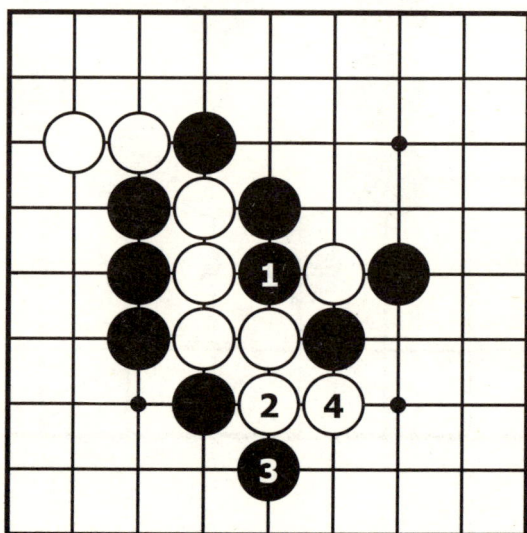

第 2 题

难度：★

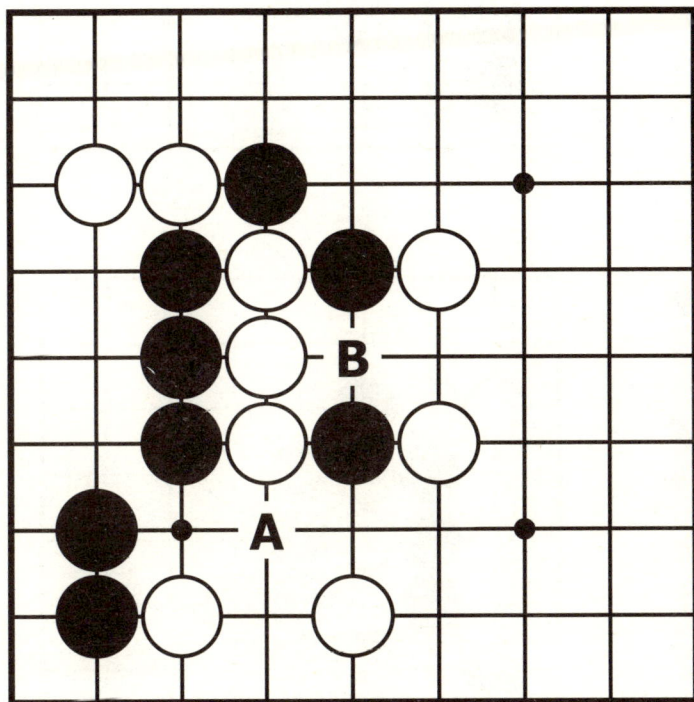

想一想，应该怎样吃掉白棋呢？在正确选项后面的括号中画「√」。

A（　　）　　B（　　）

正解

黑 1 正确，可以
吃掉白棋。

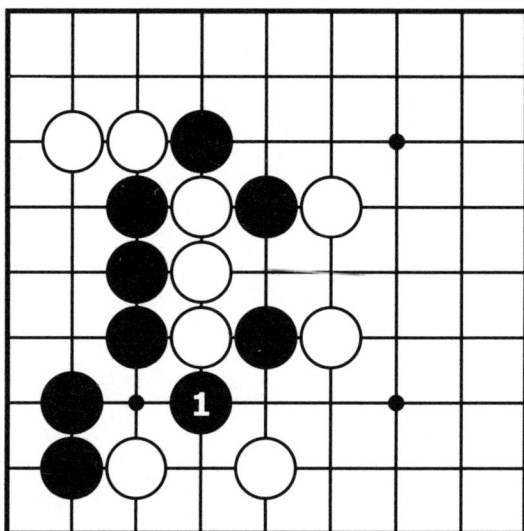

错解

黑 1 选择错误。
白 2 可安全联络，
黑失败。

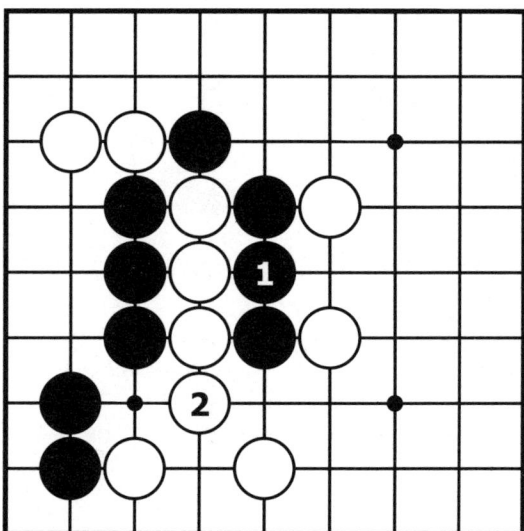

3 第 3 题

难度：★

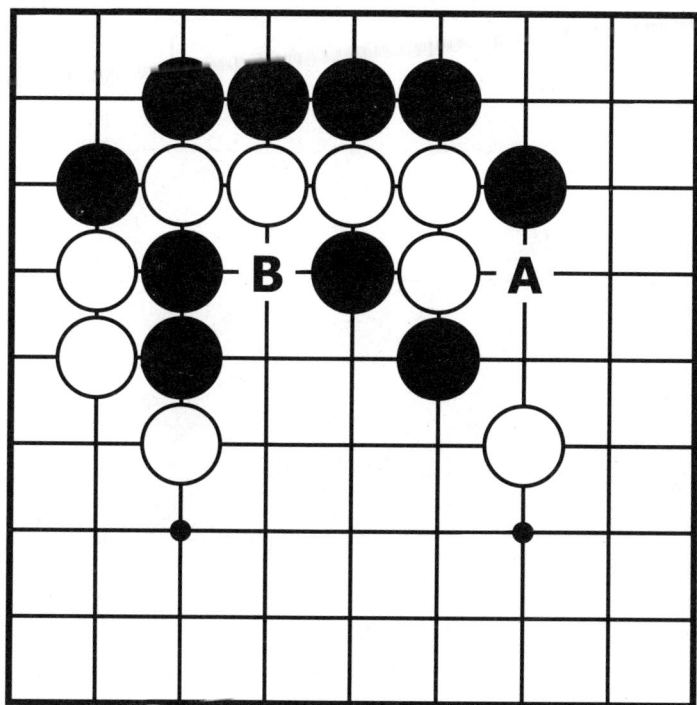

想一想，应该怎样吃掉白棋呢？在正确选项后面的括号中画「√」。

A（ ） B（ ）

正解

○

黑 1 正确，可以
吃掉白棋。

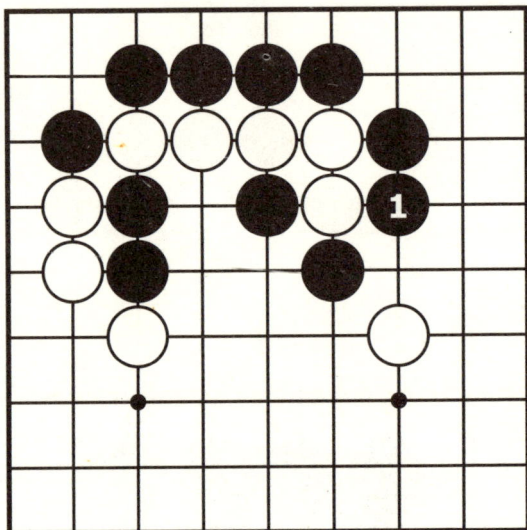

错解

✕

黑 1 选择错误。
白 2 以下可以长
气，黑失败。

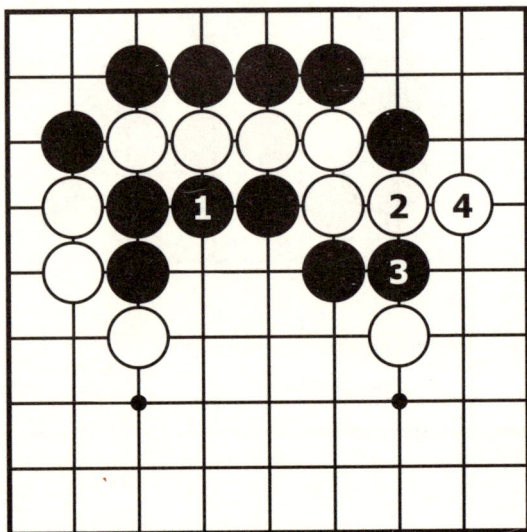

④ 第4题

难度：★

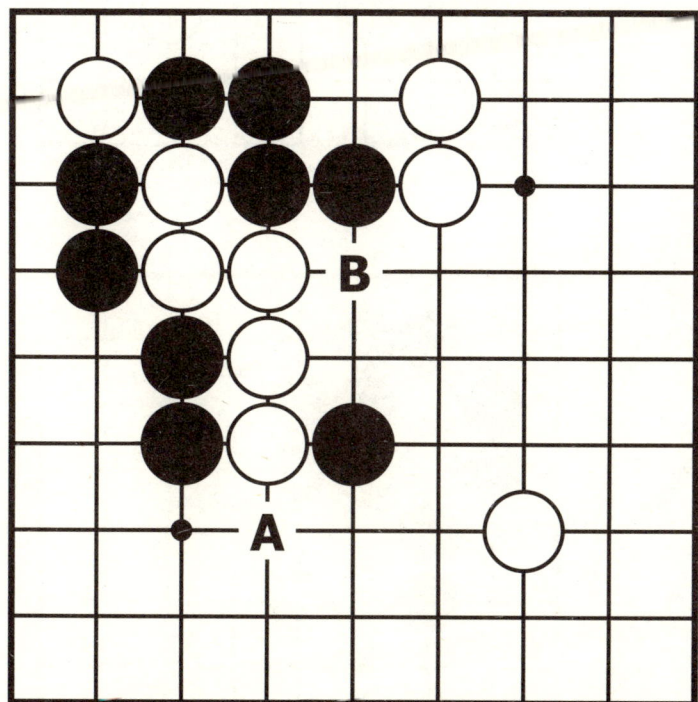

想一想，应该怎样吃掉白棋呢？在正确选项后面的括号中画「∨」。

A（　）　B（　）

正解

◯

黑1正确，以下进
程可以吃掉白棋。

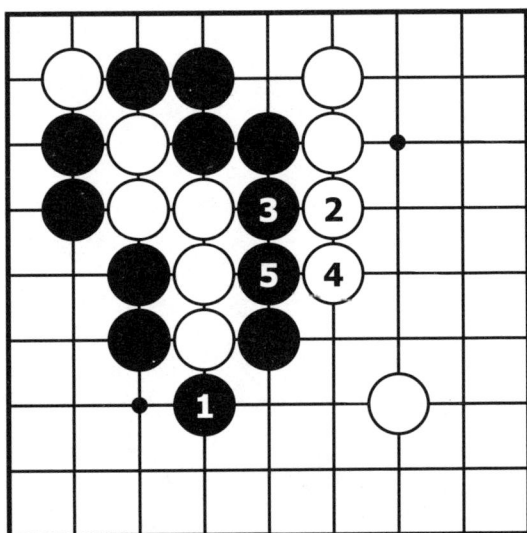

错解

✕

黑1选择错误。
白2可以长气，
黑失败。

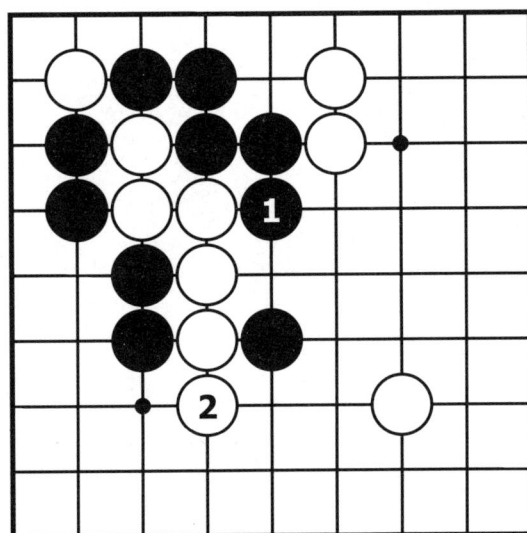

5 第 5 题

难度：★★

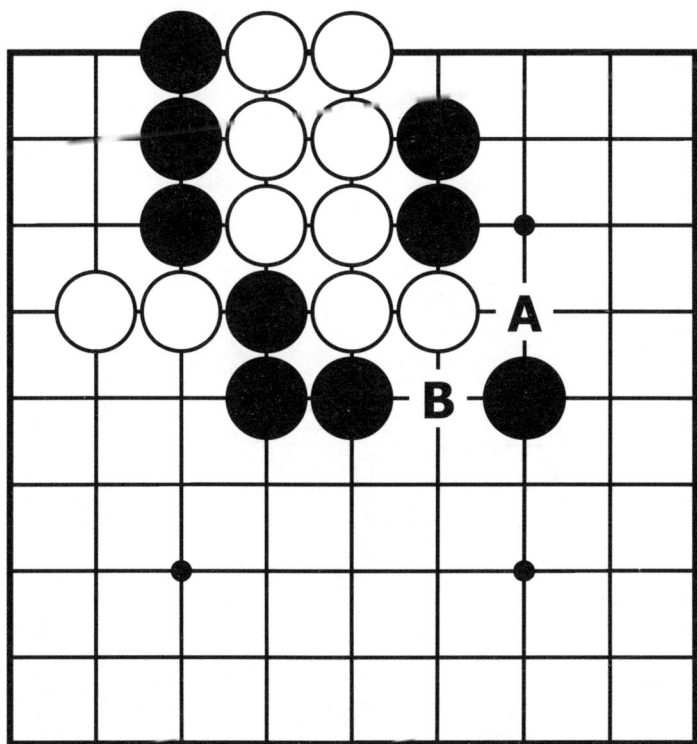

想一想，应该怎样吃掉白棋呢？在正确选项后面的括号中画「∨」。

A（　　）　　B（　　）

正解

◯

黑1正确，以下进
程可以吃掉白棋。

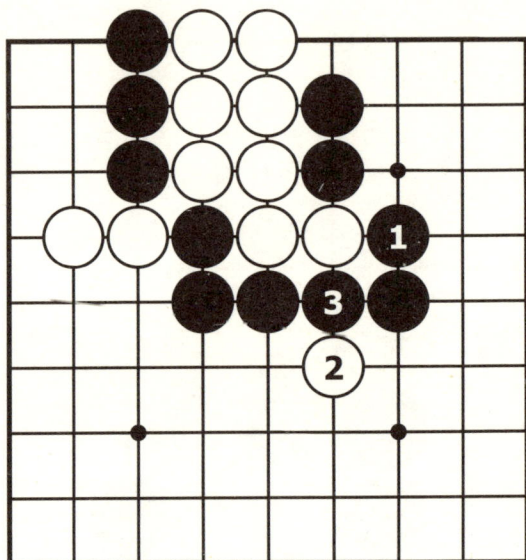

错解

✕

黑1选择错误。
白2以下可以长
气，黑失败。

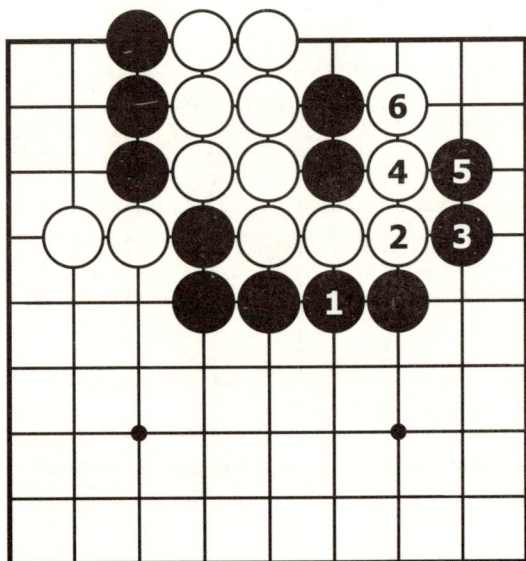

第 6 题

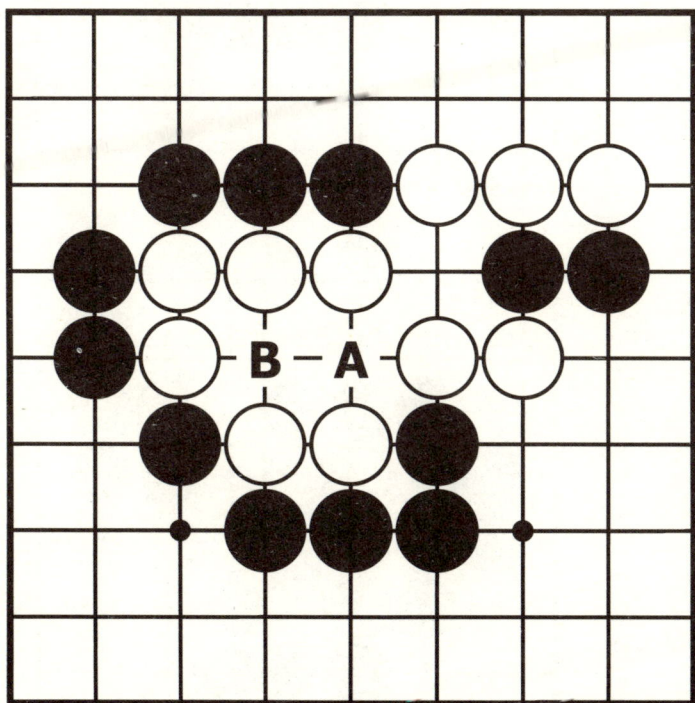

难度：★★

想一想，应该怎样吃掉白棋呢？在正确选项后面的括号中画「√」。

A（ ） B（ ）

正解

〇

黑1正确，先送
一子，可以吃掉
白棋。

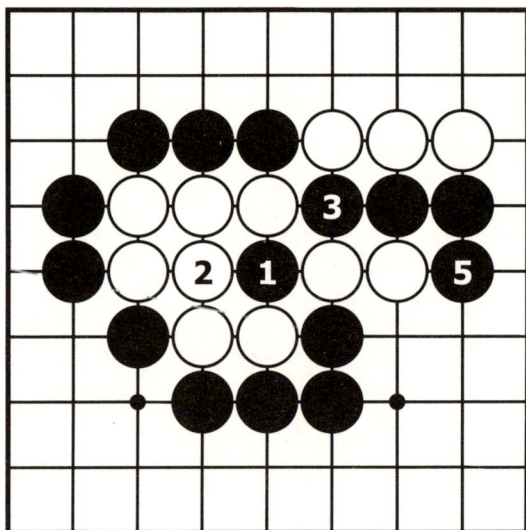

④ = ❶

错解

✕

黑1选择错误。
白2提后黑棋没
有后续办法，黑
失败。

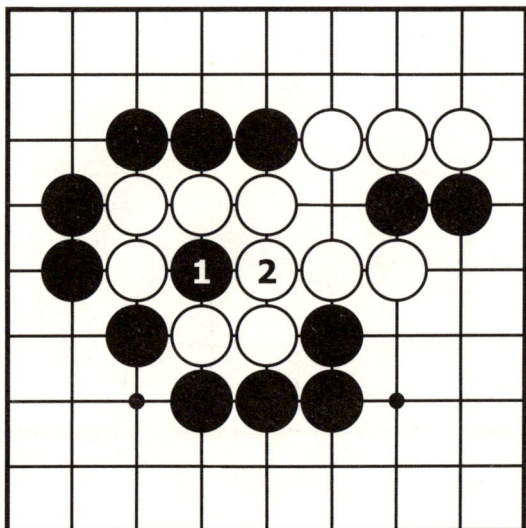

第 7 题

难度：★★

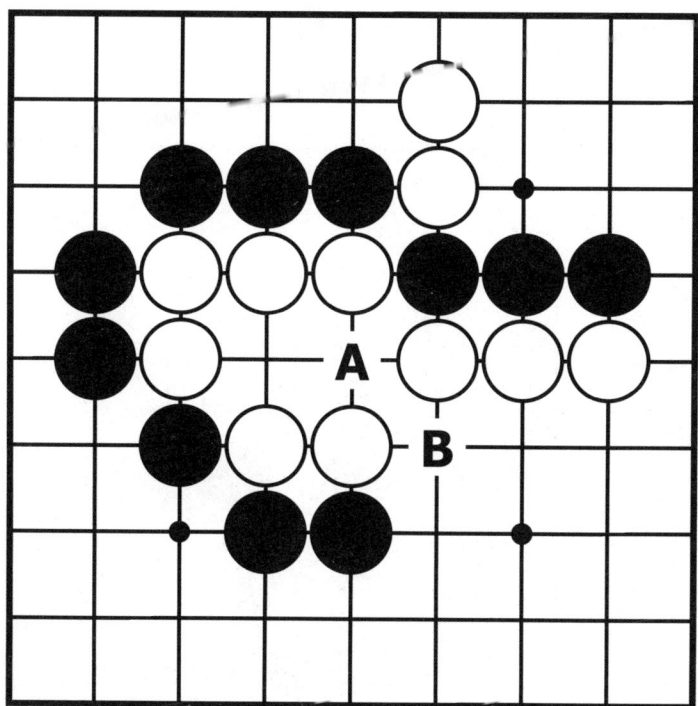

想一想，应该怎样吃掉白棋呢？在正确选项后面的括号中画「✓」。

A（　　）　　B（　　）

正解

〇

黑1正确，先送
一子，可以吃掉
白棋。

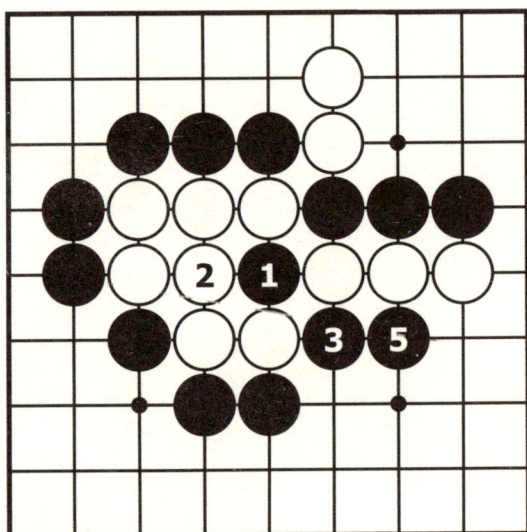

④ = ❶

错解

✕

黑1选择错误。
白2接后黑棋没
有后续办法，黑
失败。

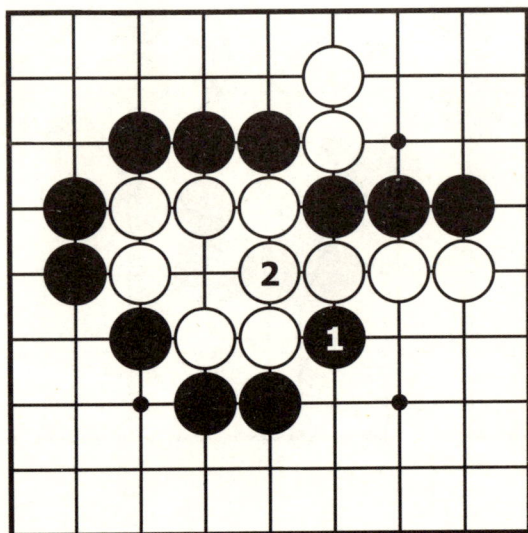

Q 8

第 8 题

难度：★★

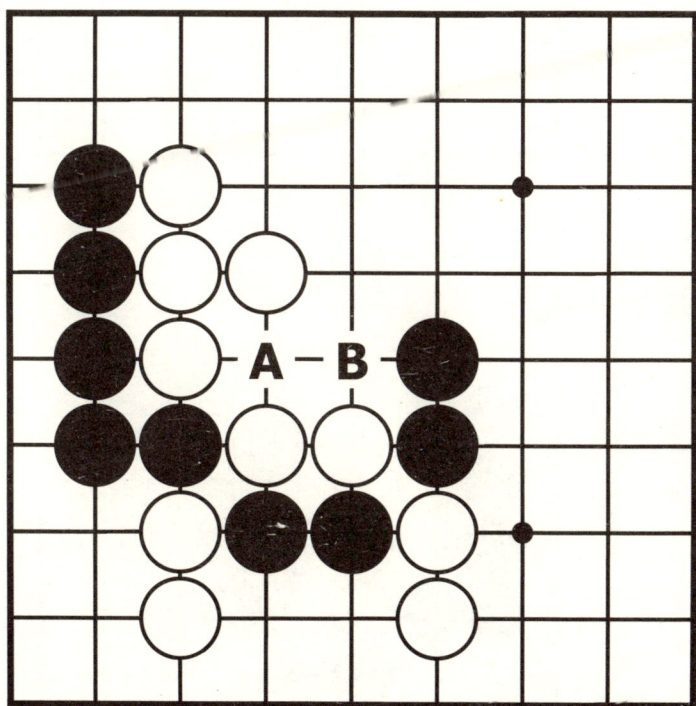

想一想，应该怎样吃掉白棋呢？在正确选项后面的括号中画「√」。

A（　）　B（　）

正 解

○

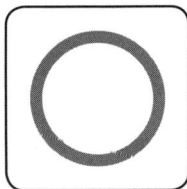

黑 1 正确，先送
一子，可以吃掉
白棋。

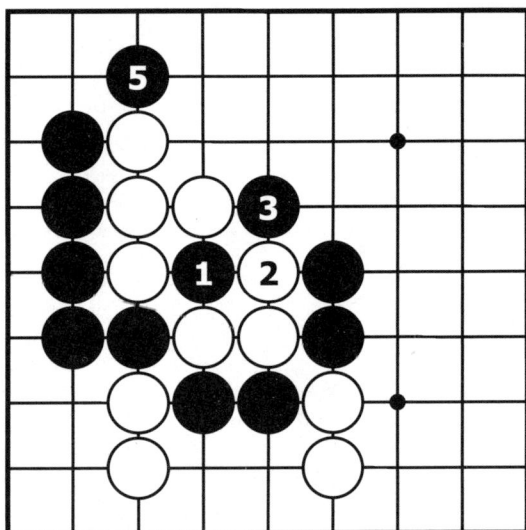

④ = ❶

错 解

✕

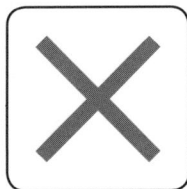

黑 1 选择错误。
白 2 接后可以长
气，黑失败。

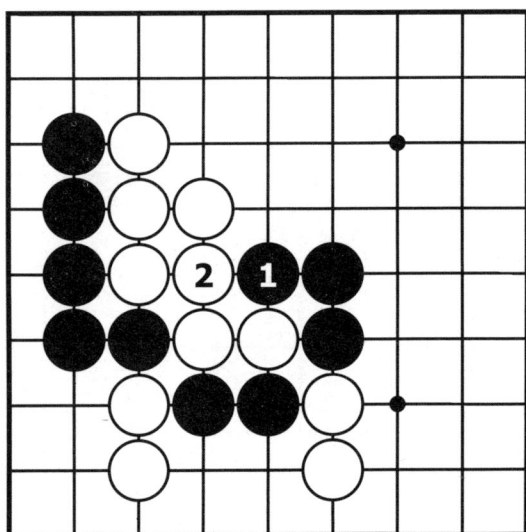

Q9 第 9 题

难度：★ ★

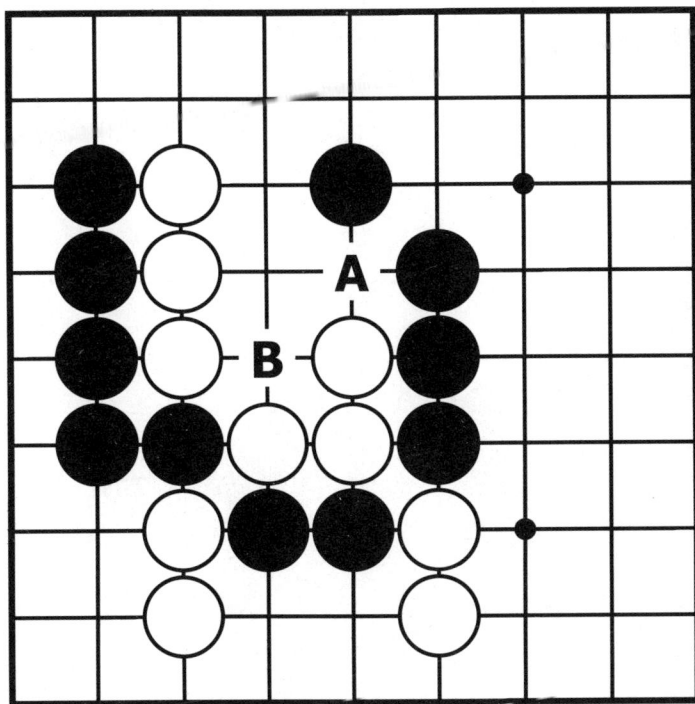

A（　　）　　B（　　　）

正解

黑1正确，先送一子，可以吃掉白棋。

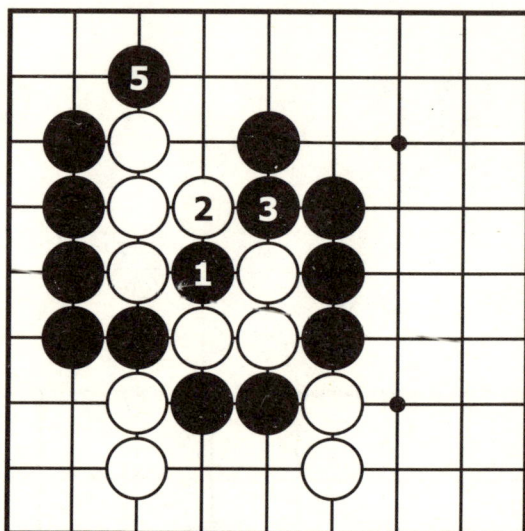

④ = ❶

错解

黑1选择错误。白2接后可以长气，黑失败。

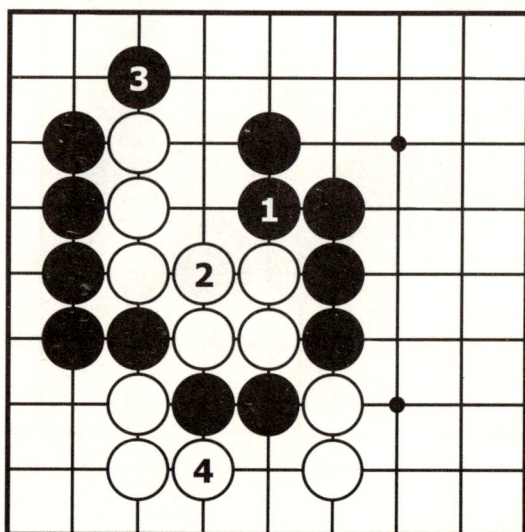

10 Q

第 10 题

难度：★ ★

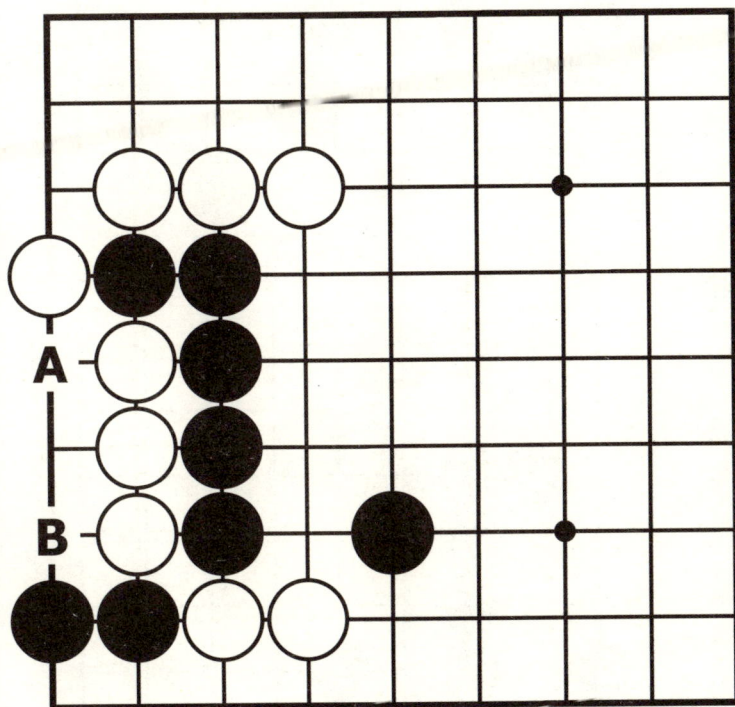

想一想，应该怎样吃掉白棋呢？在正确选项后面的括号中画「√」。

A（　　）　　B（　　）

正 解

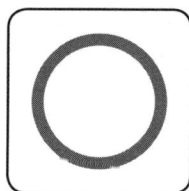

黑 1 正确，先送
一子，可以吃掉
白棋。

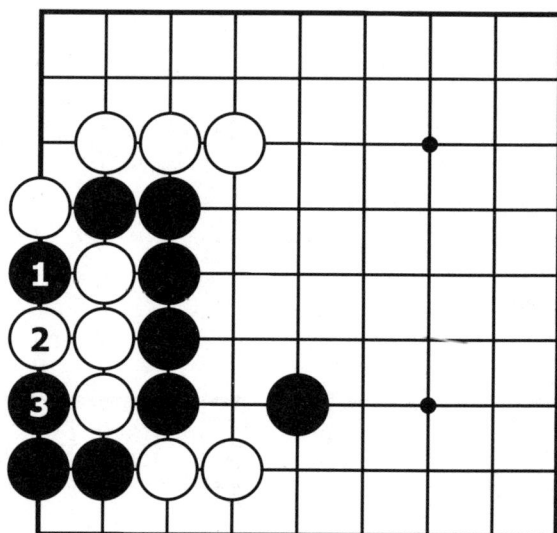

错 解

黑 1 选择错误。
白 2 接后黑棋没
有后续手段，黑
失败。

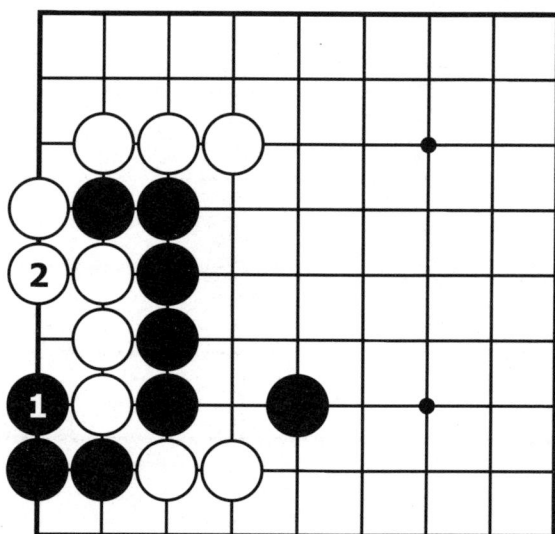

第 11 题

难度：★★★

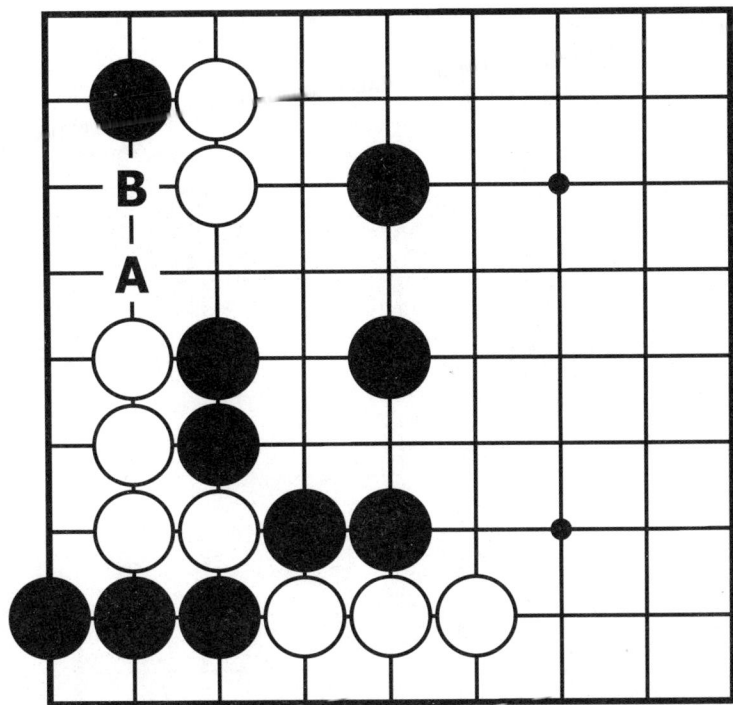

想一想，应该怎样吃掉白棋呢？在正确选项后面的括号中画「✓」。

A（　　）　　B（　　）

正解

○

黑 1 正确，此后
进程中先送一子，
可以吃掉白棋。

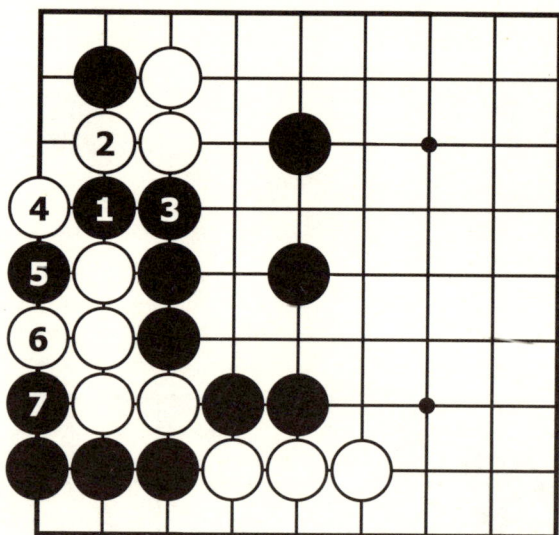

错解

✕

黑 1 选择错误。
白 2 后对杀黑棋
气不够，黑失败。

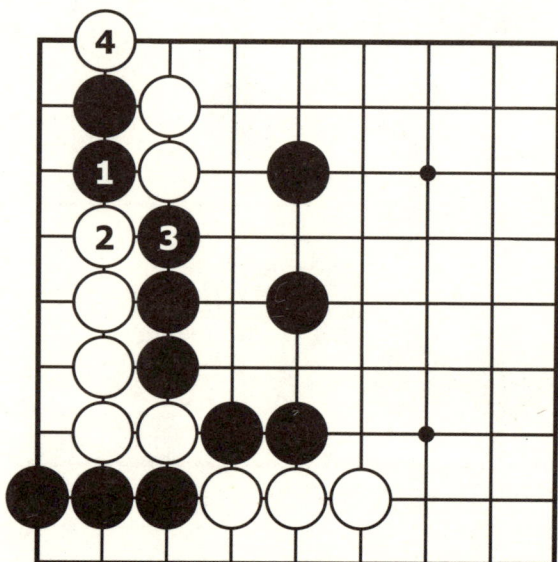

12 Q

第 12 题

难度：★★

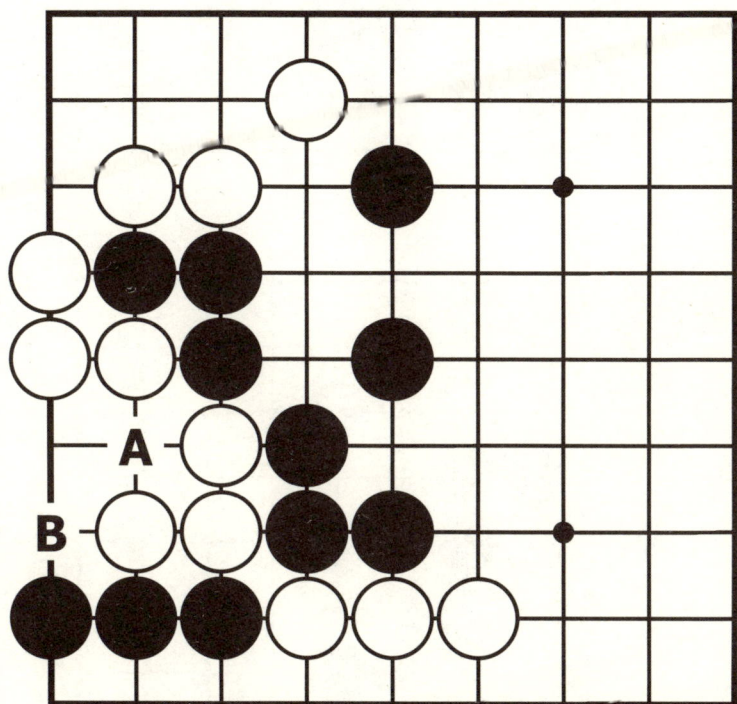

想一想，应该怎样吃掉白棋呢？在正确选项后面的括号中画「∨」。

A（　　）　　B（　　）

正 解

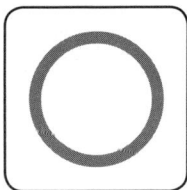

黑 1 正确，先送
一子，可以吃掉
白棋。

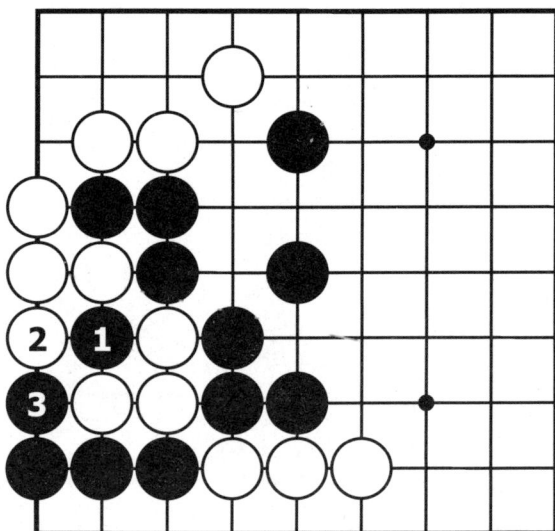

错 解

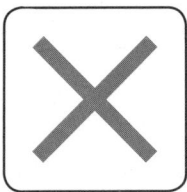

黑 1 选择错误。
白 2 接后可以长
气，黑失败。

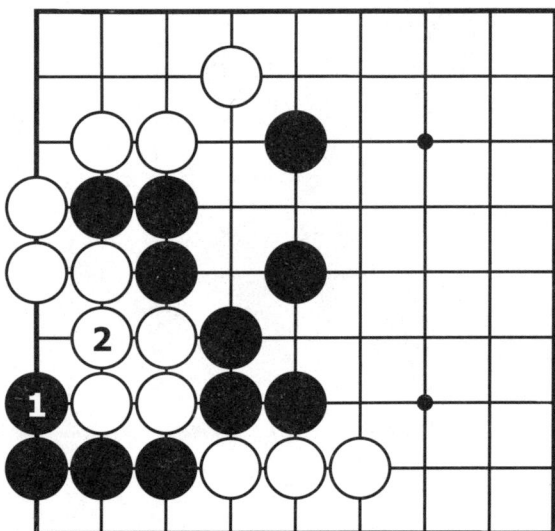

13

第 13 题

难度：★★★

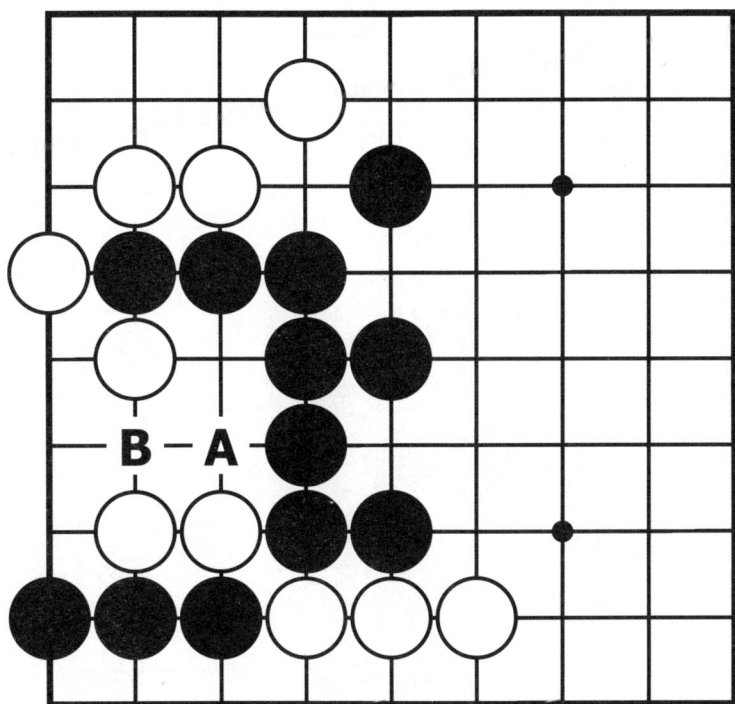

想一想，应该怎样吃掉白棋呢？在正确选项后面的括号中画"√"。

A（　　）　　B（　　）

正解

黑1正确，先送
一子，可以吃掉
白棋。

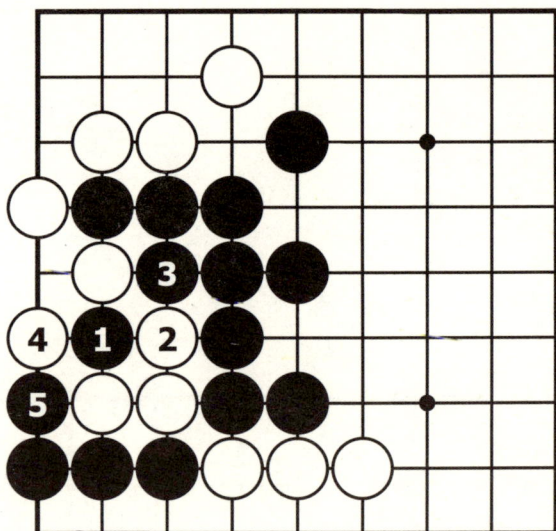

错解

黑1选择错误。
白2接后可以长
气，黑失败。

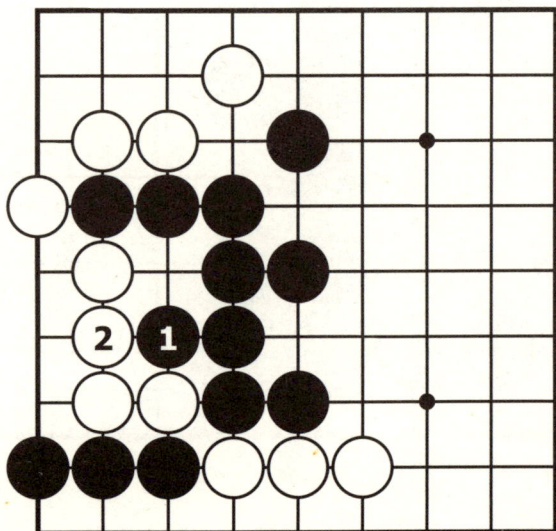

14 Q

第 14 题

难度：★ ★ ★

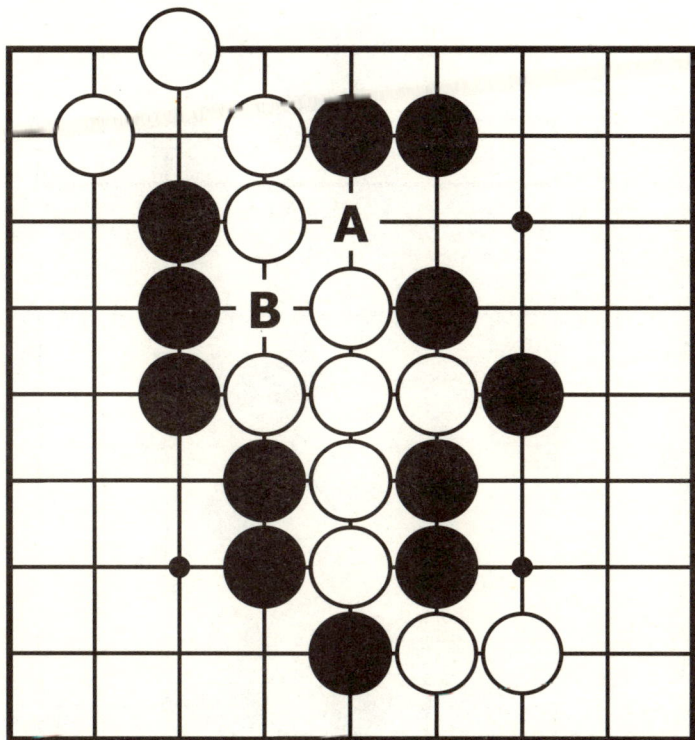

想一想，应该怎样吃掉白棋呢？在正确选项后面的括号中画「∨」。

A（　　） B（　　）

正 解

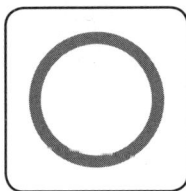

黑 1 正确，此后
进程中黑 5 是关
键，先送一子，
可以吃掉白棋。

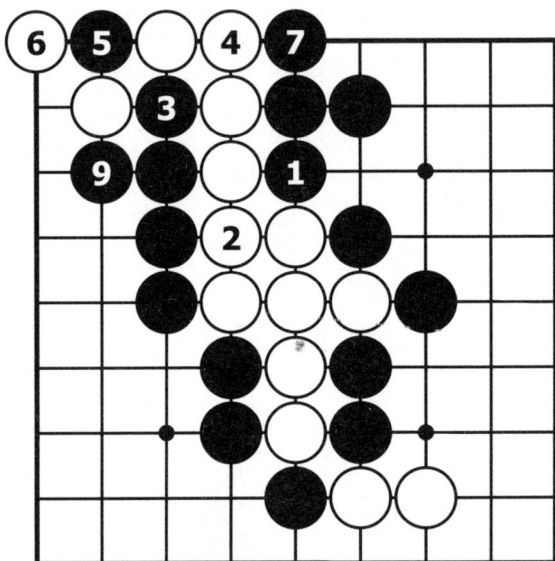

⑧ = ❺

错 解

黑 1 选择错误。
白 2 接后可以长
气，黑失败。

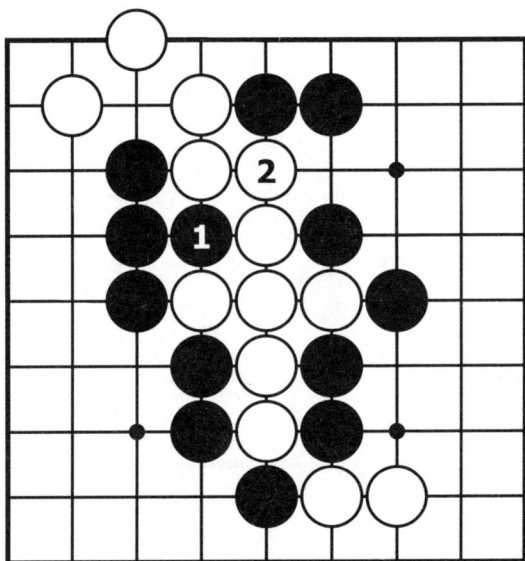

15 Q

第 15 题

难度：★★

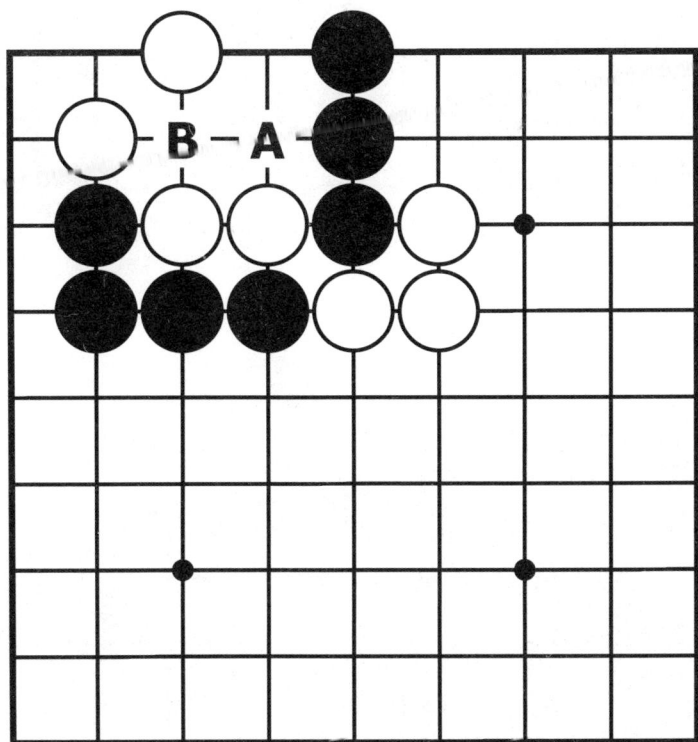

想一想，应该怎样吃掉白棋呢？在正确选项后面的括号中画「√」。

A（　　　）　　B（　　　）

正解

〇

黑 1 正确，先送
一子，可以吃掉
白棋。

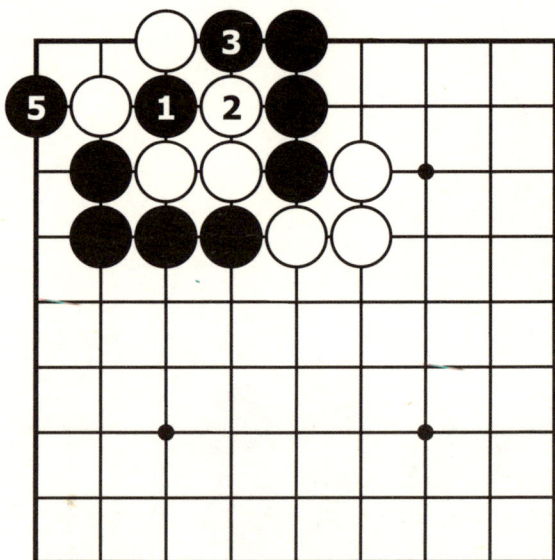

④ = ❶

错解

✕

黑 1 选择错误。
白 2 接后对杀黑
棋气不够,黑失败。

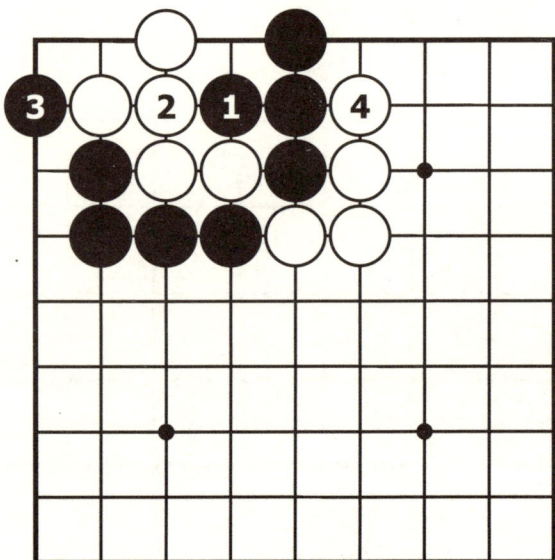

186

16

第 16 题

难度：★★

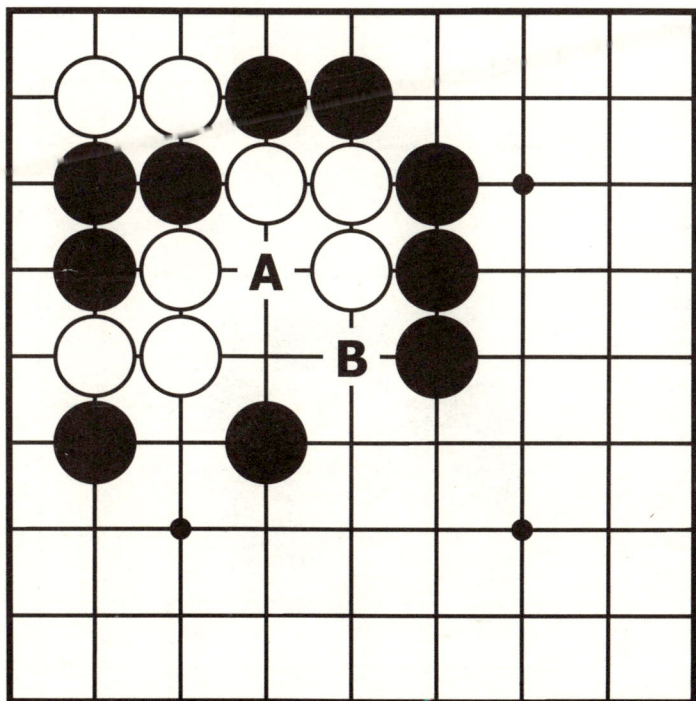

想一想，应该怎样吃掉白棋呢？在正确选项后面的括号中画「√」。

A（　　）　　B（　　）

正 解

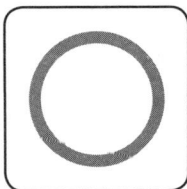

黑 1 正确，先送
一子，可以吃掉
白棋。

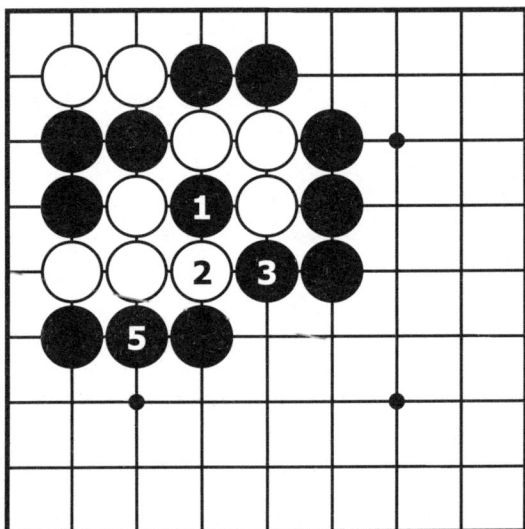

④ = ❶

错 解

黑 1 选择错误。
白 2 接后可以长
气，黑失败。

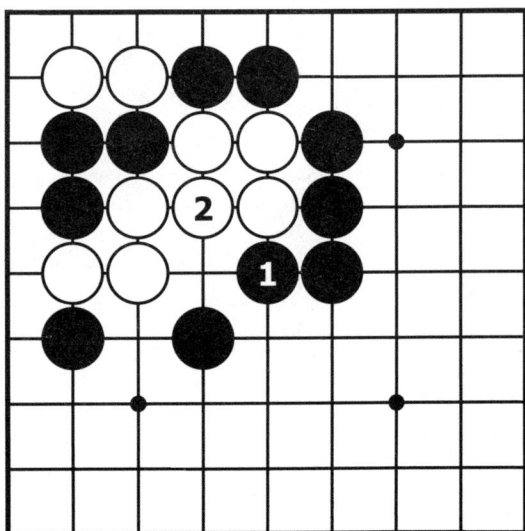

17

第 17 题

难度 : ★★

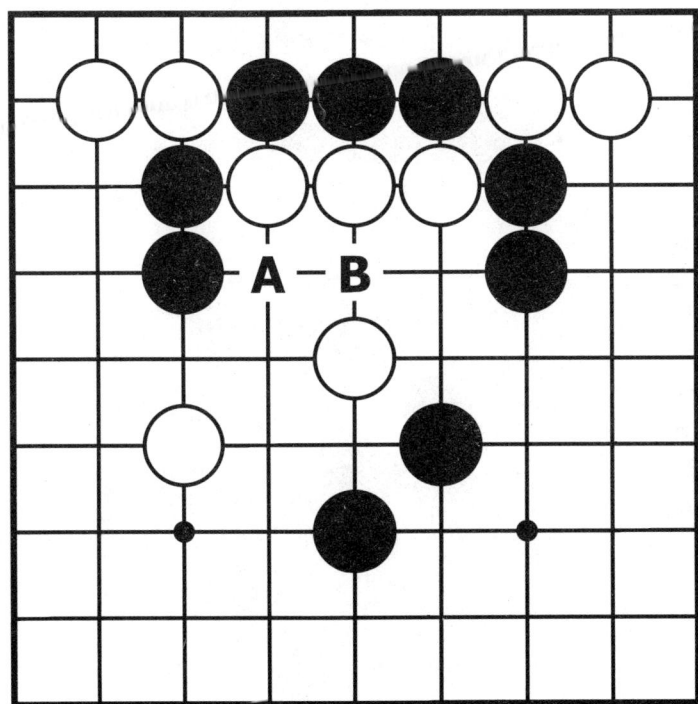

想一想，应该怎样吃掉白棋呢？在正确选项后面的括号中画「∨」。

A (　　)　　B (　　)

正解

黑 1 正确，先送一子，可以吃掉白棋。

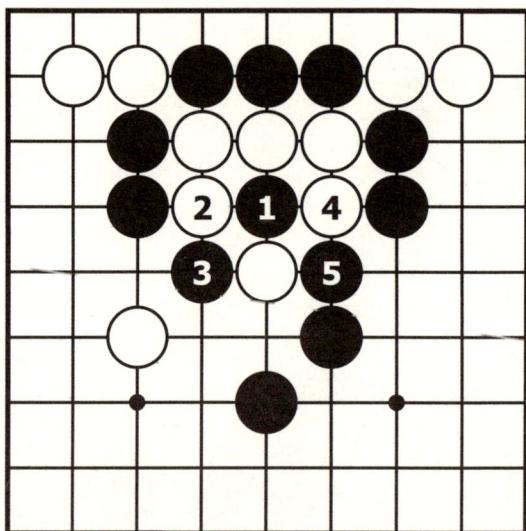

错解

黑 1 选择错误。白 2 接后可以长气，黑失败。

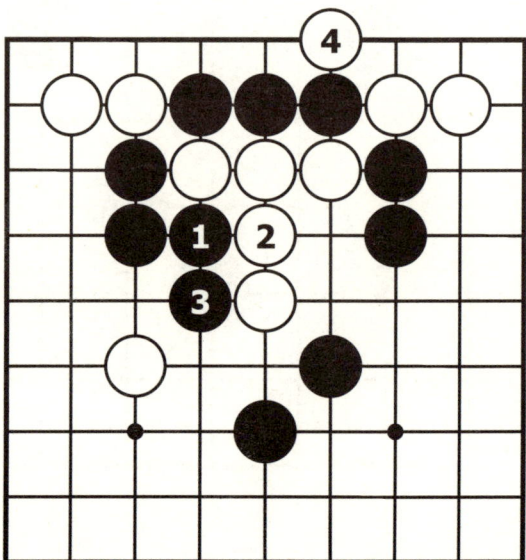

18 第 18 题

难度：★★★

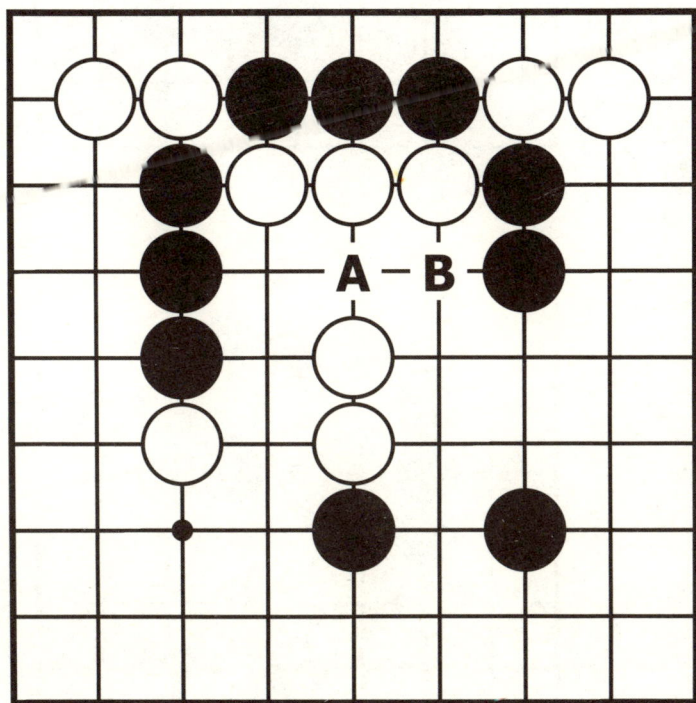

想一想，应该怎样吃掉白棋呢？在正确选项后面的括号中画「√」。

A（ ） B（ ）

正解

黑 1 正确，先送
一子，可以吃掉
白棋。

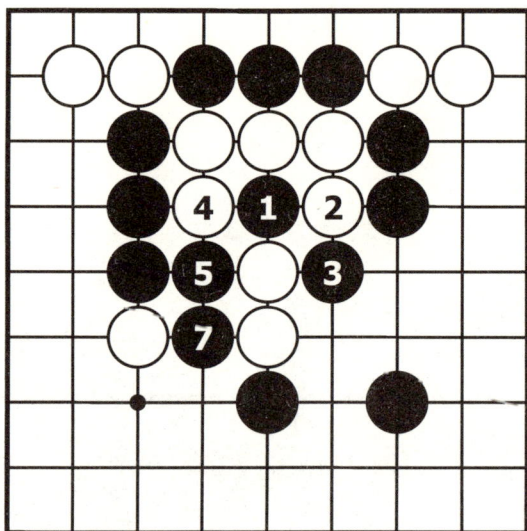

⑥ = ❶

错解

黑 1 选择错误。
白 2 接后可以长
气，黑失败。

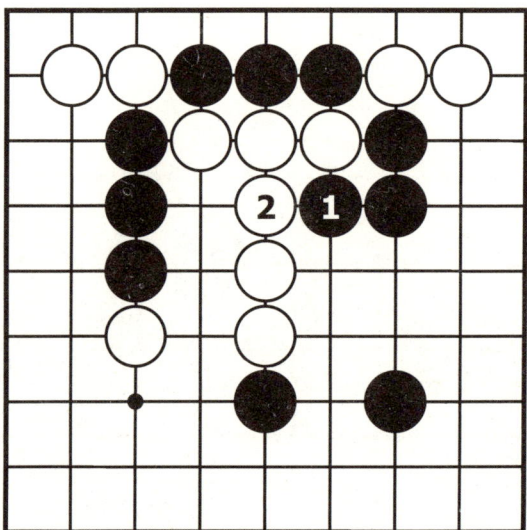

19 第 19 题

难度：★★★

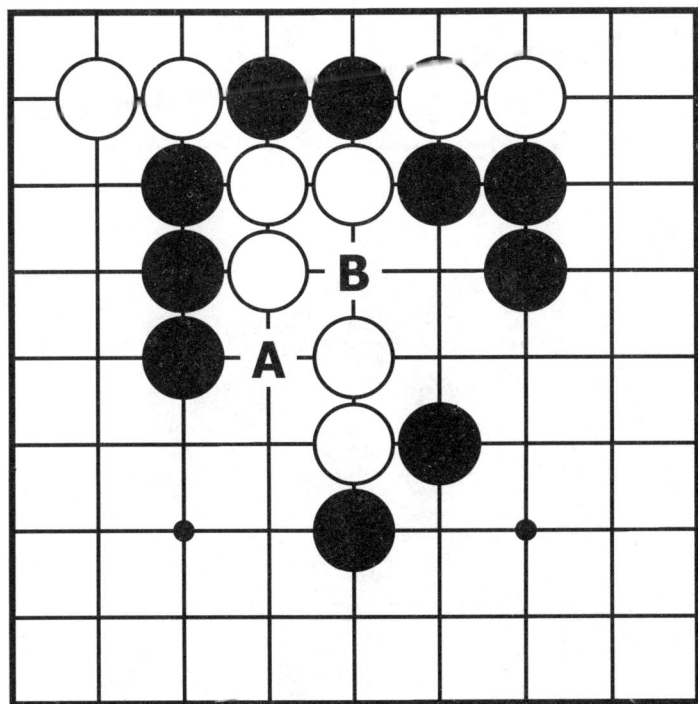

想一想，应该怎样吃掉白棋呢？在正确选项后面的括号中画「√」。

A（ ） B（ ）

正解

⭕

黑 1 正确，先送
一子，可以吃掉
白棋。

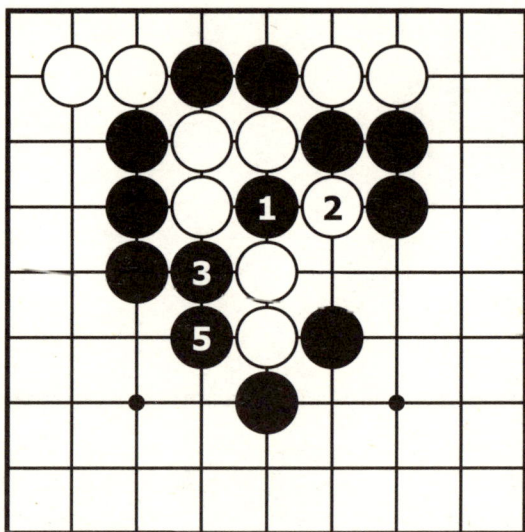

④ = ❶

错解

❌

黑 1 选择错误。
白 2 接后可以长
气，黑棋对杀气
不够，黑失败。

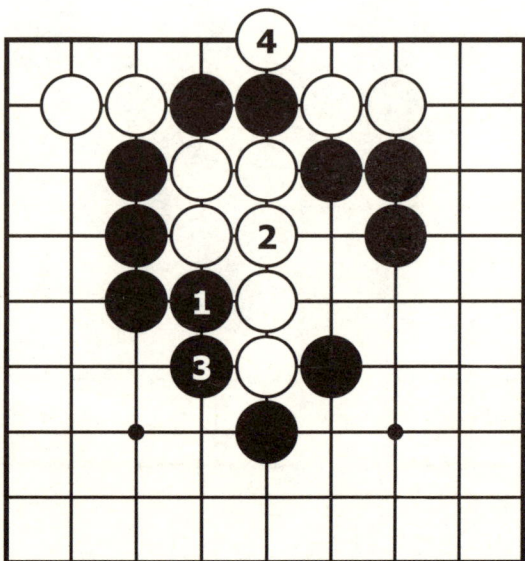

20

第 20 题

难度：★ ★

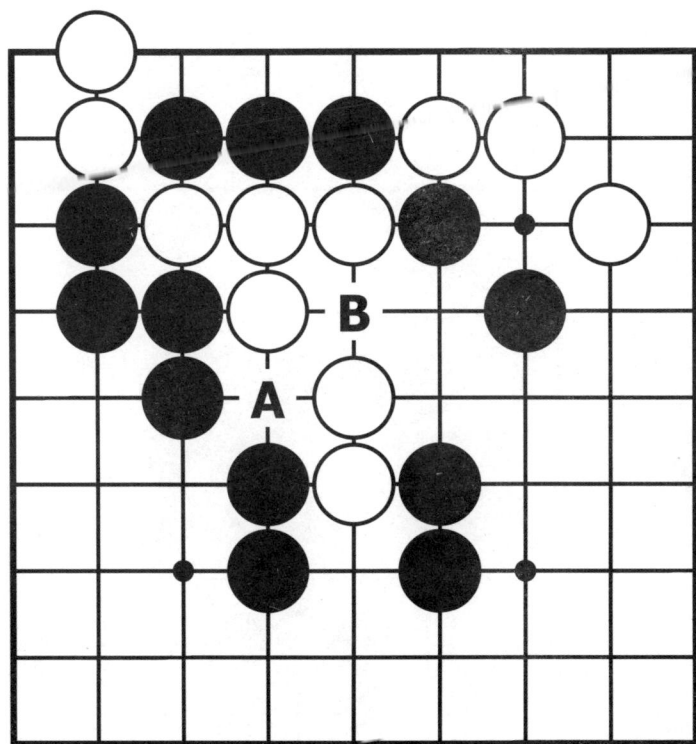

想一想，应该怎样吃掉白棋呢？在正确选项后面的括号中画「∨」。

A（　　） B（　　）

正解

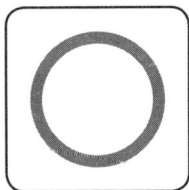

黑 1 正确，正常
收气，可以吃掉
白棋。

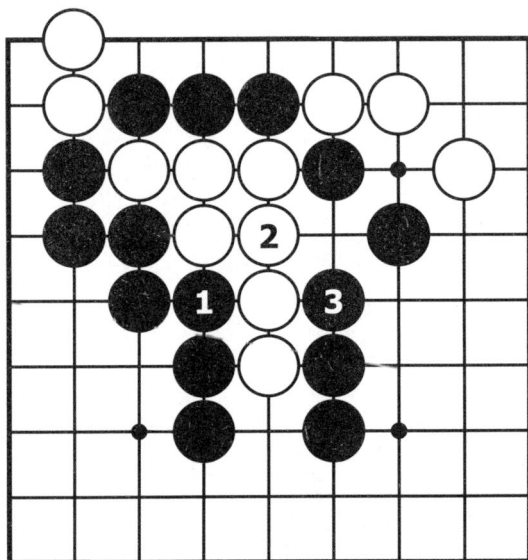

错解

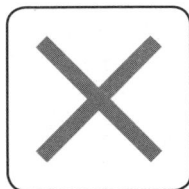

黑 1 选择错误。
白 2 提后黑棋反
而被征吃,黑失败。

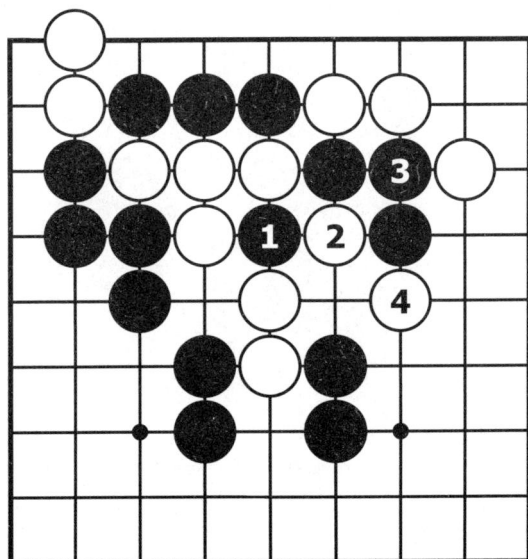

21

第 21 题

难度：★★

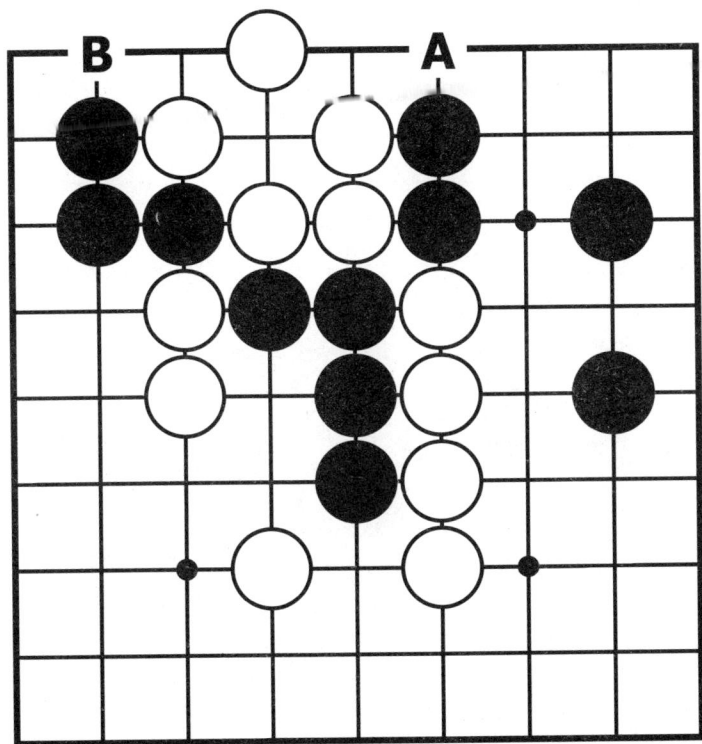

想一想，应该怎样吃掉白棋呢？在正确选项后面的括号中画「✓」。

A （　　　）　　　B （　　　）

正解

〇

黑1正确，先立
是好次序，可以
吃掉白棋。

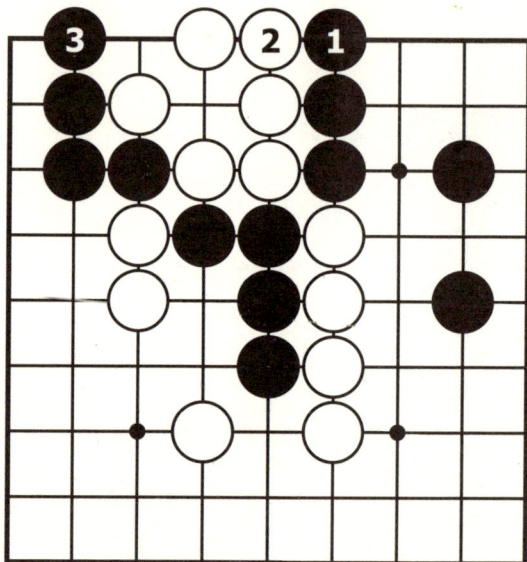

错解

✕

黑1选择错误。
白2收气，黑棋
对杀气不够，黑
失败。

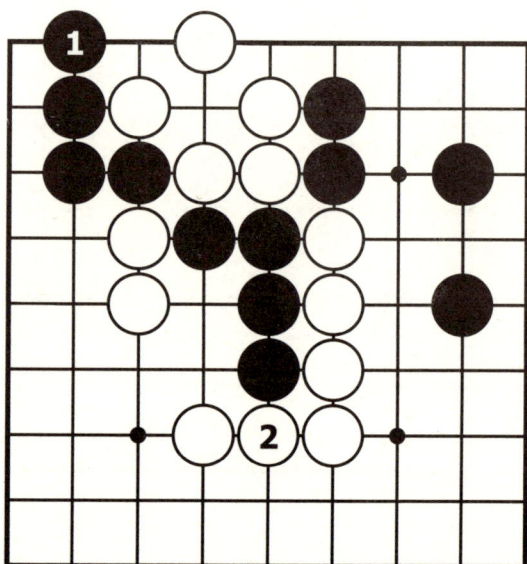

22 第 22 题

难度：★ ★ ★

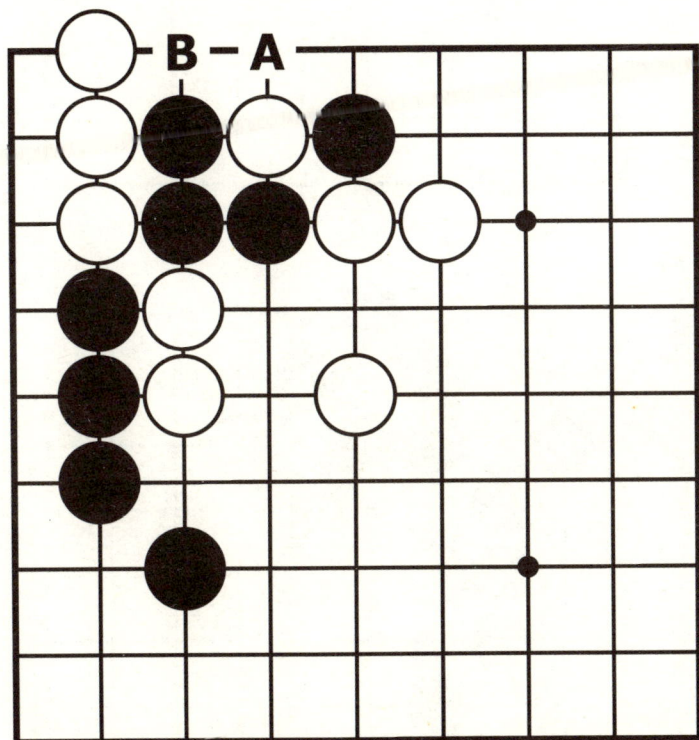

想一想，应该怎样吃掉白棋呢？在正确选项后面的括号中画「∨」。

A（ 　 ）　 B（ 　 ）

正解

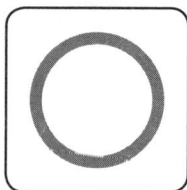

黑 1 正确，此处
是收气的要点，
抢先占据可以吃
掉白棋。

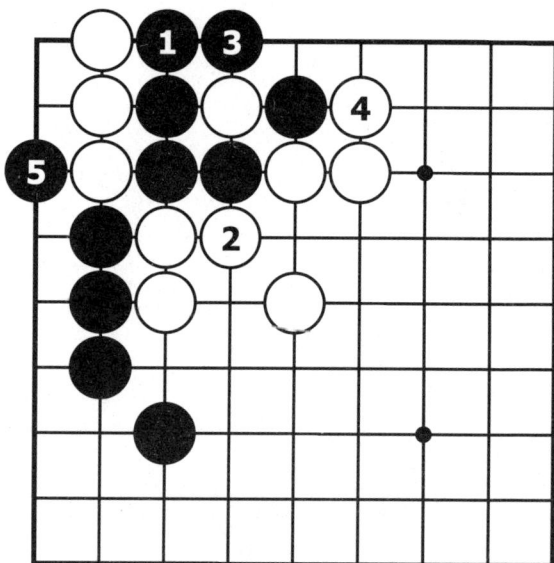

错解

黑 1 选择错误。
白 2 占据要点，
黑棋对杀气不够，
黑失败。

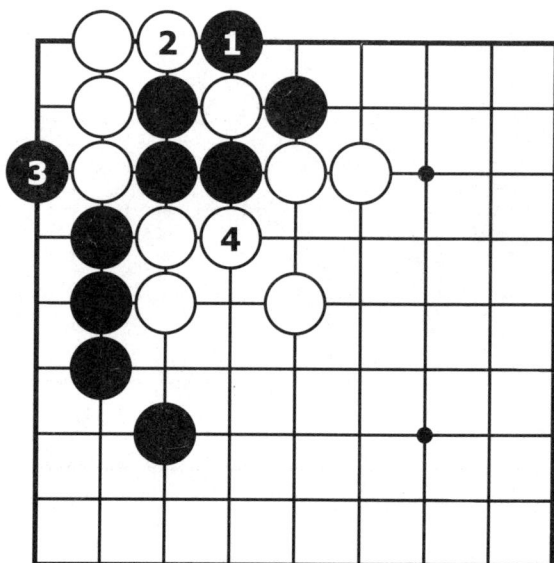

23

第 23 题

难度：★ ★ ★

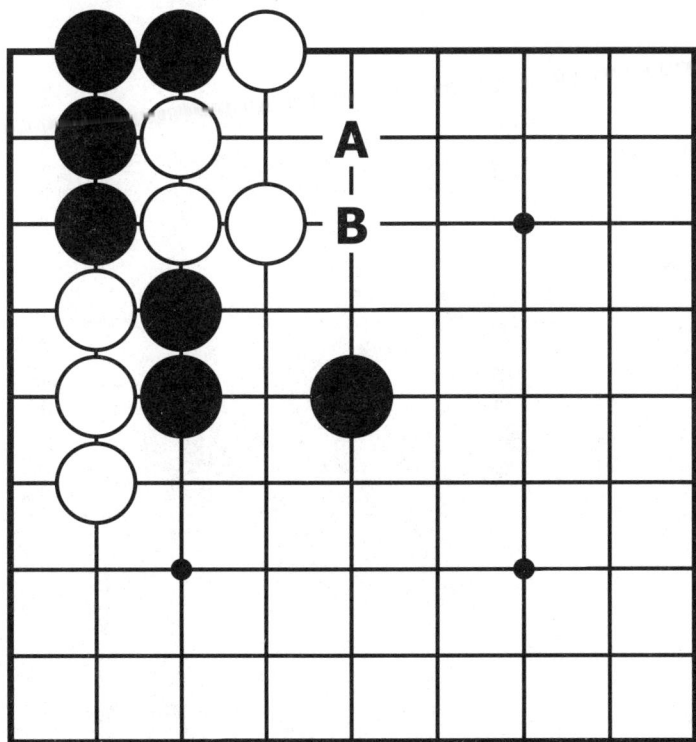

想一想，应该怎样吃掉白棋呢？在正确选项后面的括号中画「√」。

A（　　） 　　 B（　　）

正解

○

黑1正确，此处是
收气的要点，以下
可以吃掉白棋。

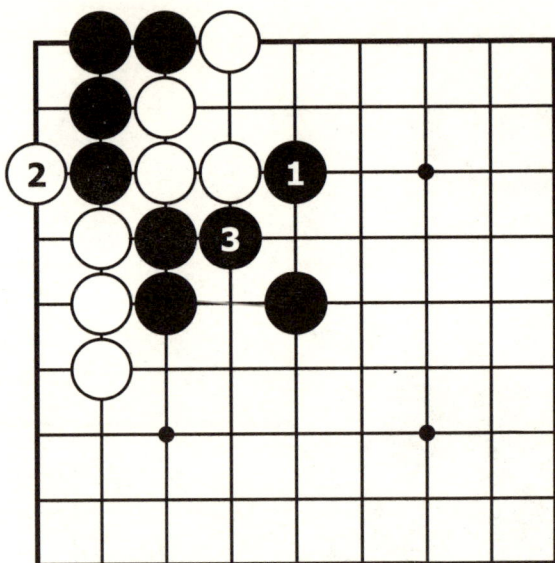

错 解

✕

黑1选择错误。
白2冲出后可以
长气，黑失败。

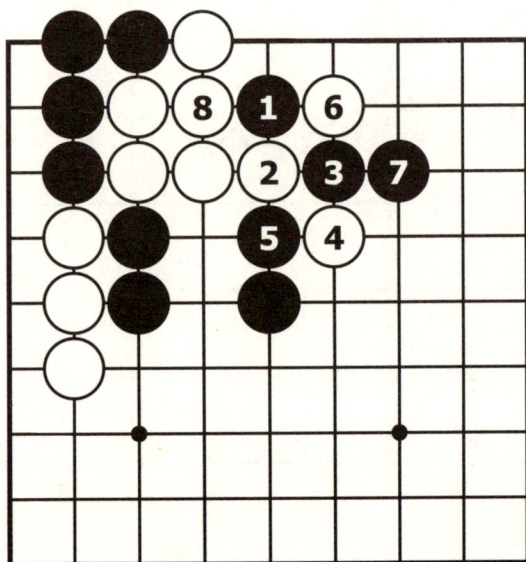

24

第 24 题

难度：★ ★ ★

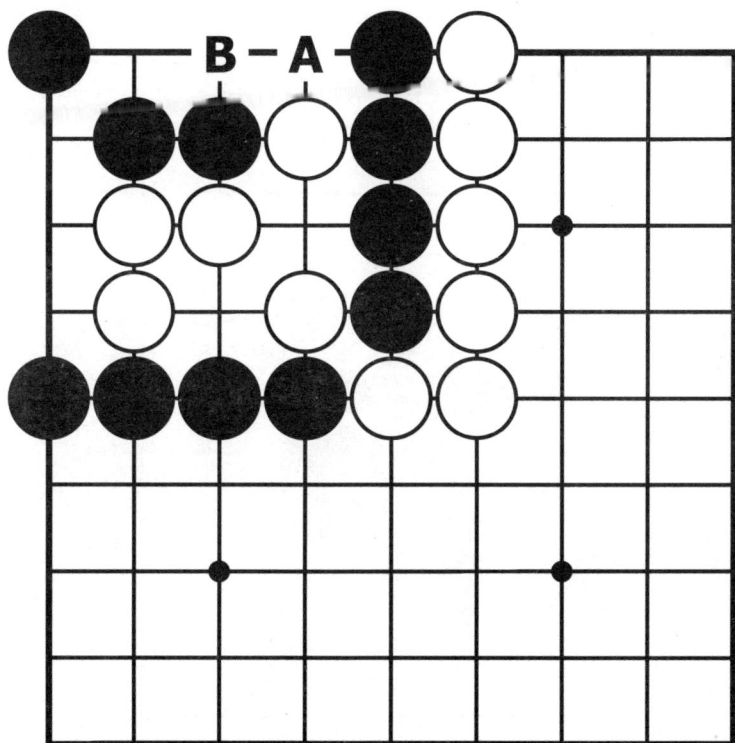

想一想，应该怎样吃掉白棋呢？在正确选项后面的括号中画「√」。

A （　　） 　　B （　　）

正解

◯

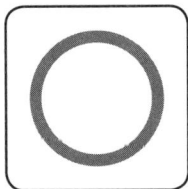

黑 1 正确，此处
是要点，必须先
占据，如此可以
吃掉白棋。

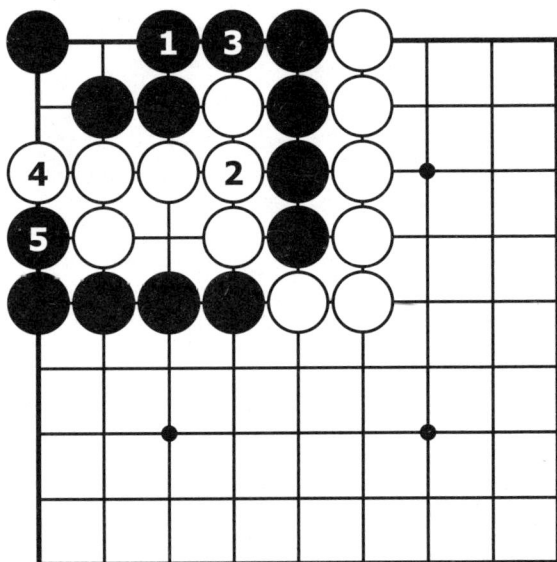

错解

✕

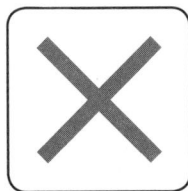

黑 1 选择错误。
白 2 占据要点，
先送一子是妙手，
黑失败。

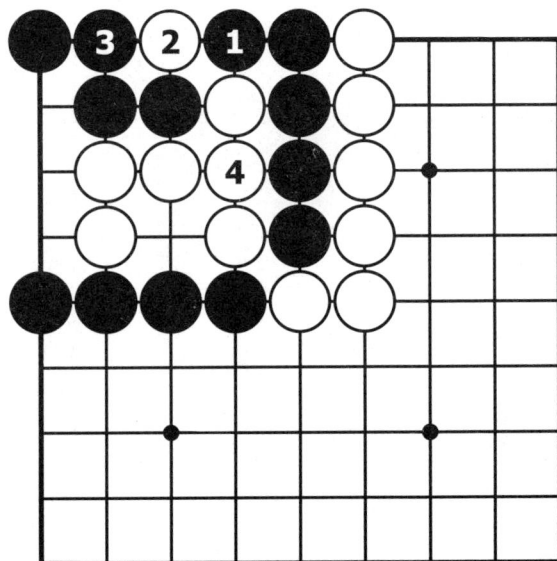

25

第 25 题

难度：★ ★ ★

B - A

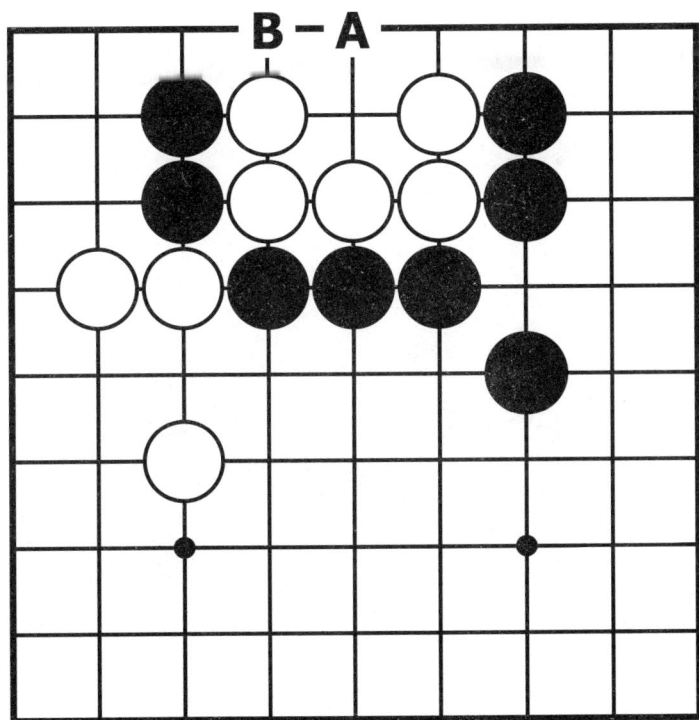

想一想，应该怎样吃掉白棋呢？在正确选项后面的括号中画「∨」。

A（　　） B（　　）

正解

◯

黑1正确，此处
是要点，占据便
可以吃掉白棋。

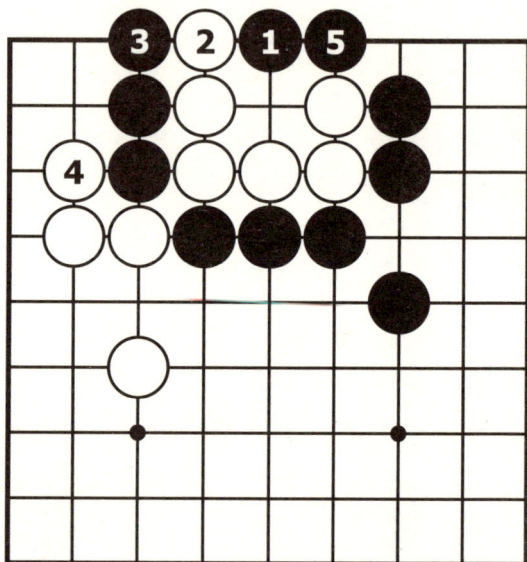

错解

✕

黑1选择错误。
白2占据要点，
黑棋对杀气不够，
黑失败。

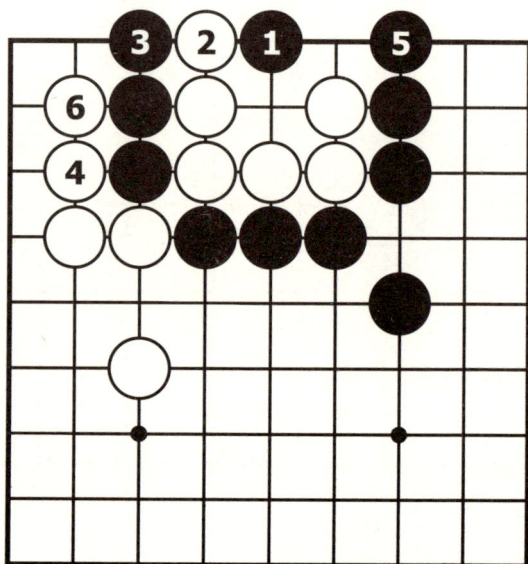

26 第 26 题

难度：★★

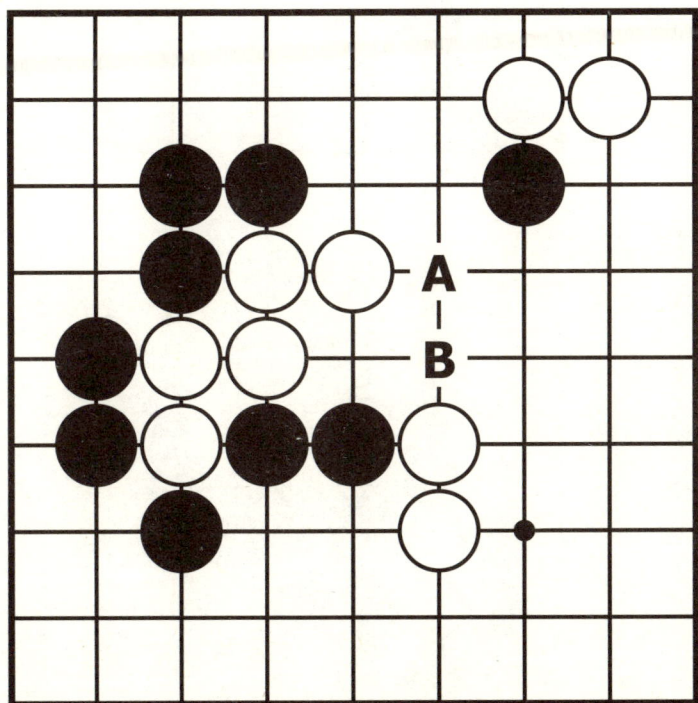

想一想，应该怎样吃掉白棋呢？在正确选项后面的括号中画「√」。

A（　　） 　 B（　　）

正解

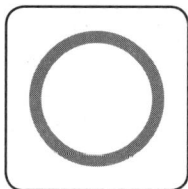

黑 1 正确，此处
是要点，紧住白
棋的气，可以吃
掉白棋。

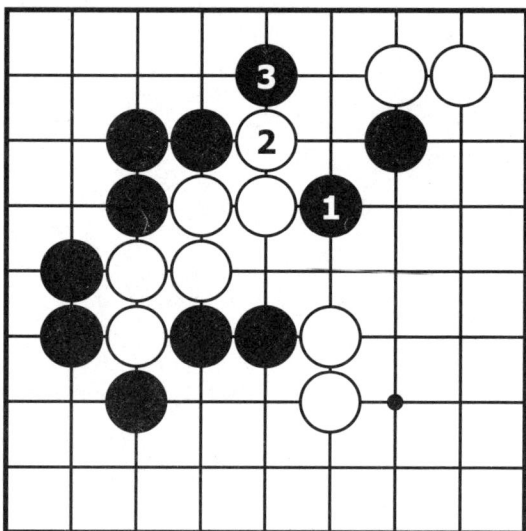

错解

黑 1 选择错误。
白 2 占据要点，
可以长气，对杀
黑棋气不够，黑
失败。

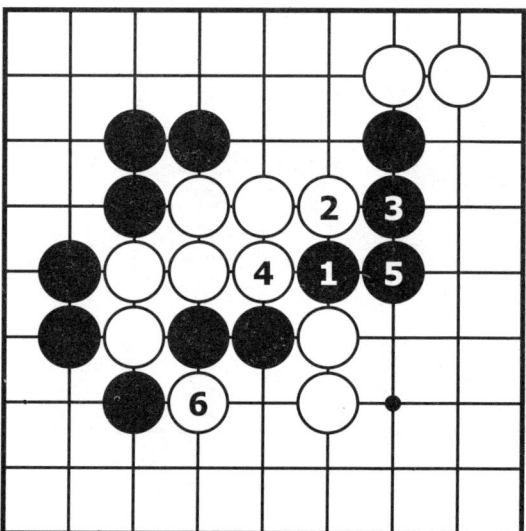

27 第 27 题

难度：★ ★ ★

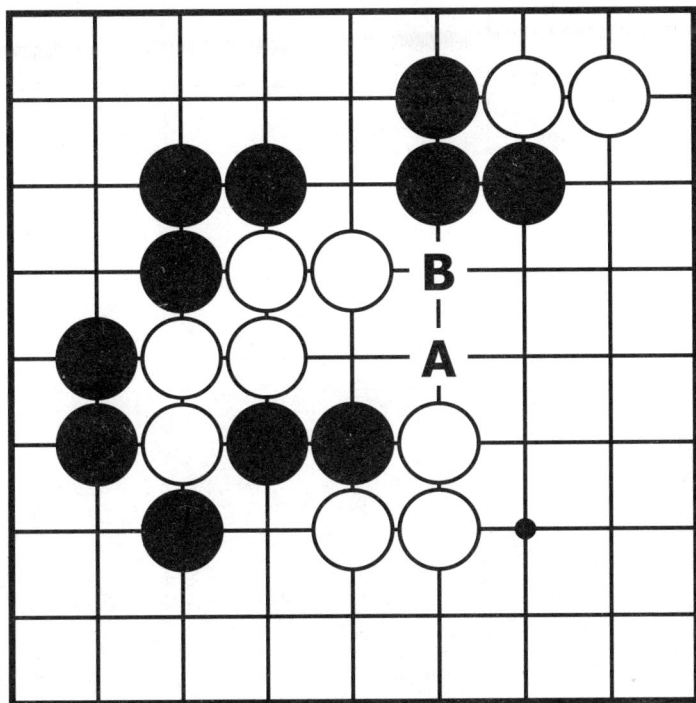

想一想，应该怎样吃掉白棋呢？在正确选项后面的括号中画「√」。

A（　　）　　B（　　）

正解

◯

黑1正确，将白
棋分断，可以强
行吃掉白棋。

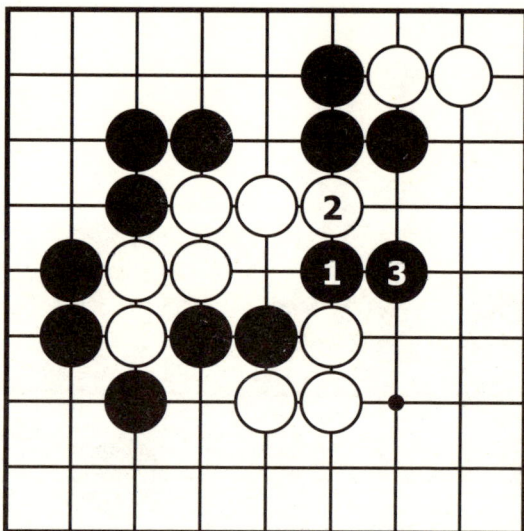

错解

✕

黑1选择错误。
白2简单吃掉黑
棋筋，黑失败。

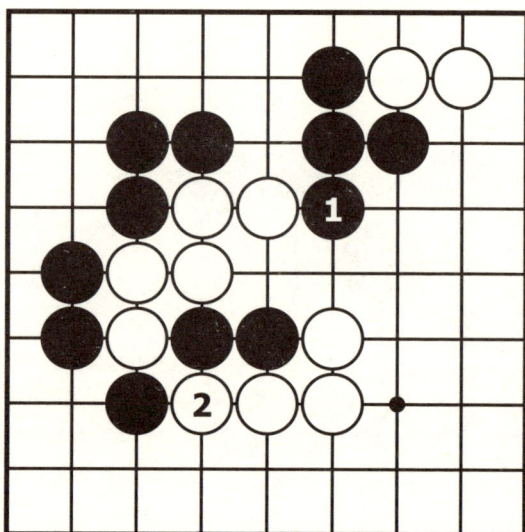

28

第 28 题

难度：★ ★ ★

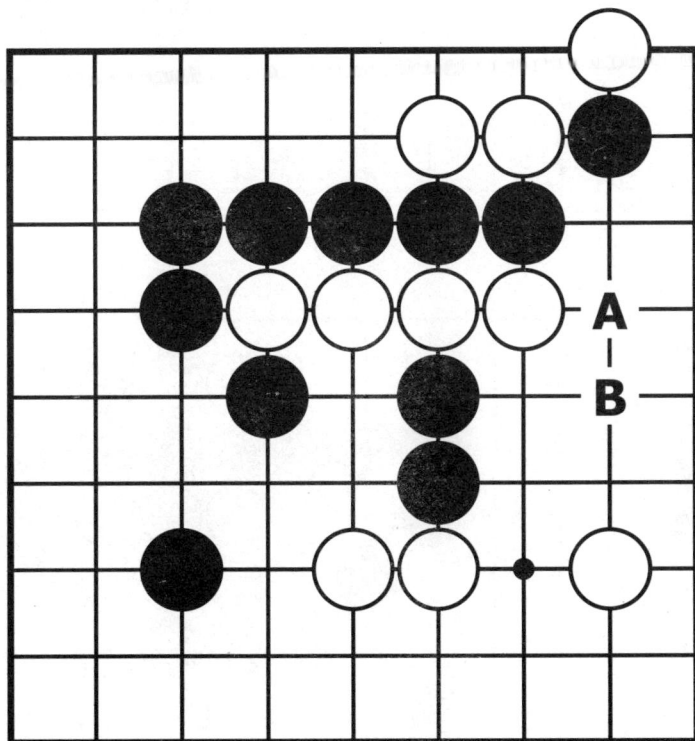

想一想，应该怎样吃掉白棋呢？在正确选项后面的括号中画「∨」。

A

B

A（　　）　　B（　　）

正 解

黑 1 正确，此处是要点，以下进程可以吃掉白棋。

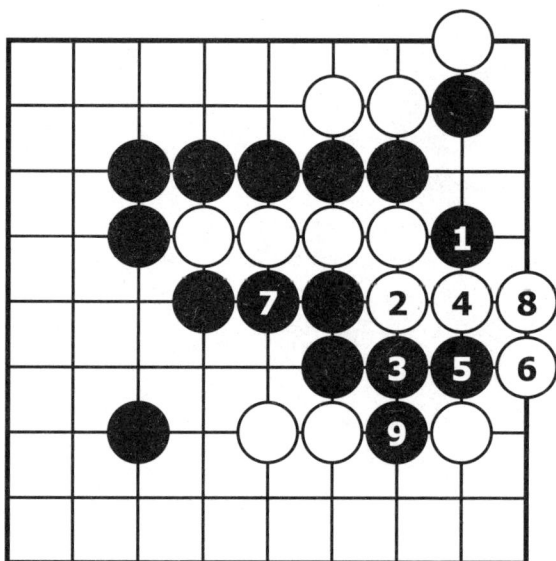

错 解

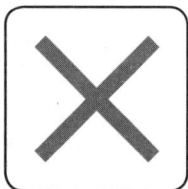

黑 1 选择错误。白 2 以下可以突围，黑失败。

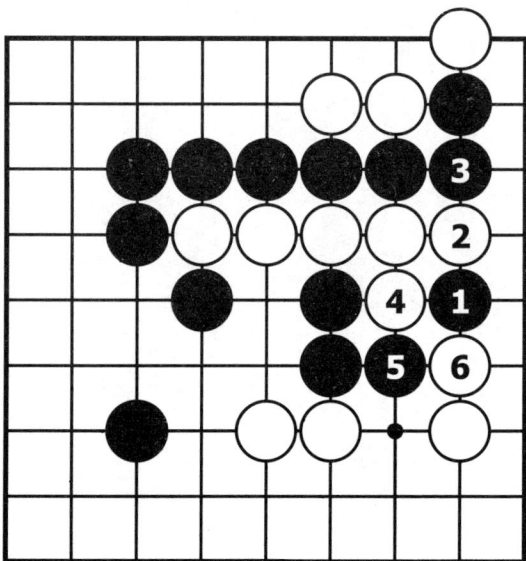

29 Q

第 29 题

难度：★ ★ ★

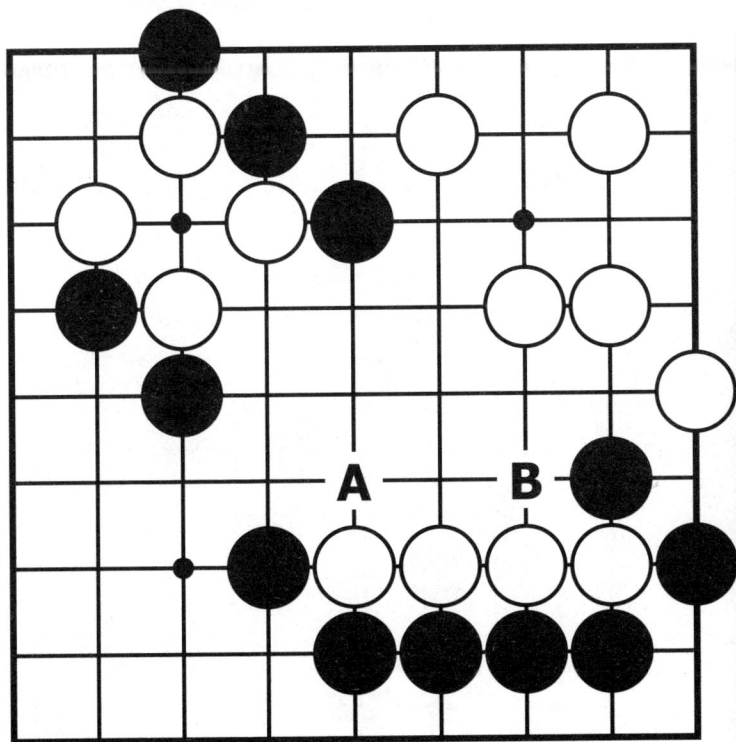

想一想，应该怎样吃掉白棋呢？在正确选项后面的括号中画「∨」。

A（　　） B（　　）

正解

黑 1 正确，此处
是 要 点，收 紧
白 气，可 以 吃 掉
白 棋。

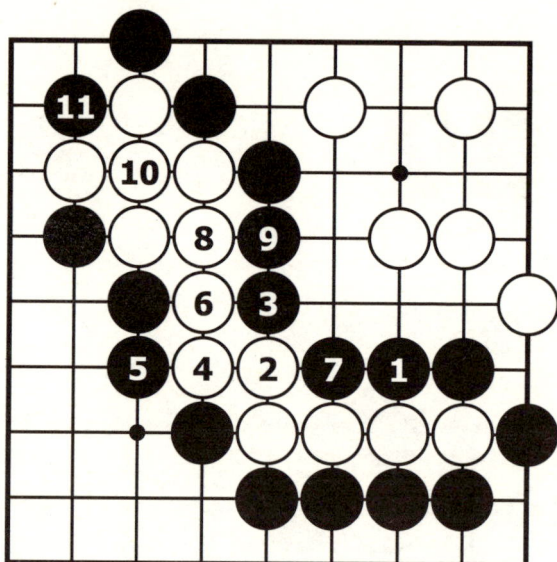

错解

黑 1 选择错误。
白 2、白 4 可 以
吃掉黑棋筋，黑
失败。

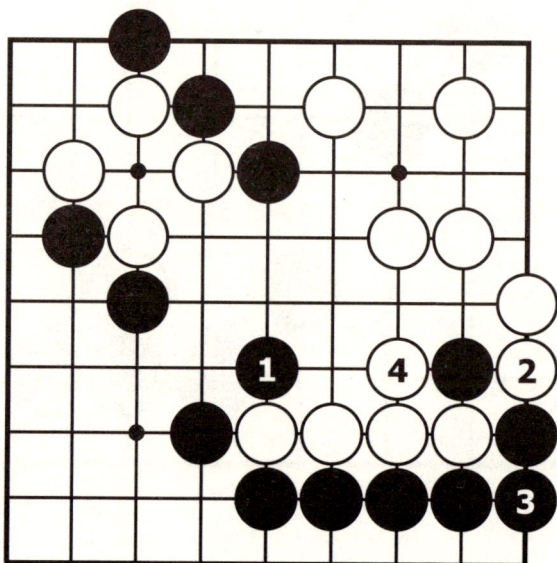

30

第 30 题

难度：★★★

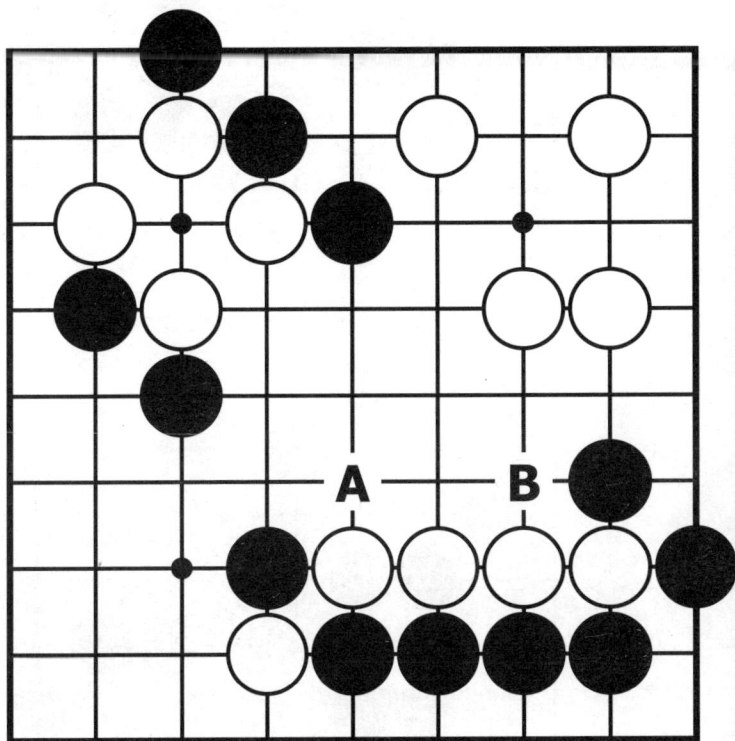

想一想，应该怎样吃掉白棋呢？在正确选项后面的括号中画「√」。

A（　　）　　B（　　）

正解

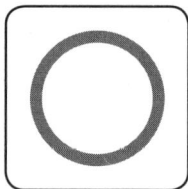

黑 1 正确，此处
是要点，以下是
典型的"滚打包
收"，可以吃掉
白棋。

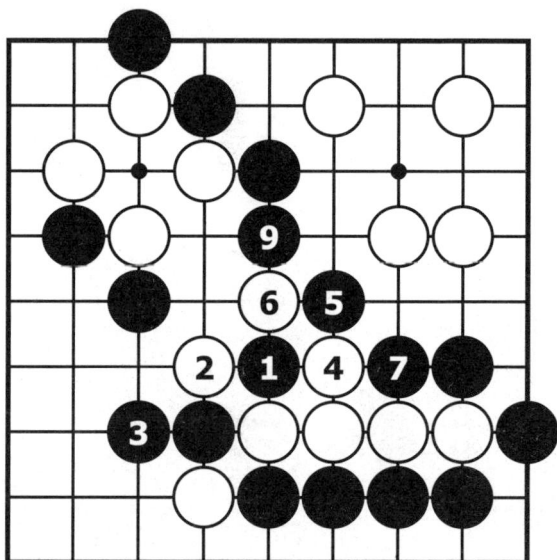

⑧ = ❶

错解

黑 1 选择错误。
白 2 以下可以长
气，黑棋无法封
锁白棋，黑失败。

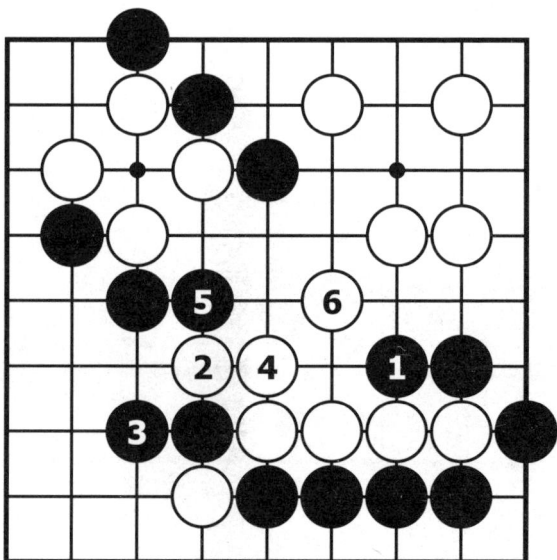